历史的丰碑丛书

文学艺术家卷

孤独的巨匠
米开朗基罗

李新宽　编著

吉林人民出版社

图书在版编目（CIP）数据

孤独的巨匠——米开朗基罗 / 李新宽编著 . -- 长春：
吉林人民出版社，2011.4 （2025.4 重印）
　（历史的丰碑丛书）
　ISBN 978-7-206-07650-3

Ⅰ . ①孤… Ⅱ . ①李… Ⅲ . ①米开朗基罗，B.
（1475 ～ 1564）—生平事迹—青年读物②米开朗基罗，
B.（1475 ～ 1564）—生平事迹—少年读物 Ⅳ .
① K835.465.72-49

中国版本图书馆 CIP 数据核字 (2011) 第 037147 号

孤独的巨匠　米开朗基罗
GUDU DE JUJIANG　MIKAILANGJILUO

编　　著:李新宽
责任编辑:崔　晓　　　　封面设计:孙浩瀚
制　　作:吉林人民出版社图文设计印务中心
吉林人民出版社出版 发行(长春市人民大街7548号　邮政编码:130022)
印　刷:北京一鑫印务有限责任公司
开　本:787mm×1092mm　　1/16
印　张:8　　　　字　数:72千字
标准书号:ISBN 978-7-206-07650-3
版　次:2011年4月第1版　　印　次:2025年4月第3次印刷
定　价:35.00 元

如发现印装质量问题,影响阅读,请与出版社联系调换。

编者的话

　　"欲知大道，必先为史"。

　　回溯人类的足迹，人们首先看到的总是那些在其各自背景和时点上标志着社会高度和进步里程的伟大人物。他们是历史的丰碑，是后世之鉴。

　　黑格尔说："无疑，一个时代的杰出个人是特性，一般说来，就反映了这个时代的总的精神。"普希金说："跟随伟大人物的思想是一门引人入胜的科学。"

　　以史为鉴，面向未来。作为21世纪的继往开来者，我们觉得，在知史基础上具有宽广的知识结构、开阔的胸襟和敏锐的洞察力应是首要的素质要求，而在历史的大背景中追寻丰碑人物的思想、风范和足迹，应是知史的捷径。

考虑到现代人时间的宝贵，我们期盼以尽量精短的篇幅容纳尽量丰富的信息，展现尽量宏大的历史画卷和历史规律。为此，我们编撰了这套丛书。

编撰丛书的过程，也是纵览历代风云、伴随伟人心路、吸收历史营养的过程。沉心于书页，我们随处感受着各历史时期伟大人物所体现的推动历史进步的人类征服力量。我们随着伟人命运及事业的坎坷与辉煌而悲喜，为他们思想的深邃精湛、行为的大气脱俗而会意感慨、拍案叫绝。

然而，在思想开始远游和精神获得享受的同时，我们也随之感受到历史脚步的沉重

和历史过程的曲折。社会每前进一步都是艰难的，都伴随着巨大的痛苦和付出。历史的伟大在于它最终走向进步，最终在血污中诞生了鲜活的"婴孩"。

历史有继承性和局限性，不能凭空创造。伟人也有血肉，他们的思想、行为因此注定了同样具有历史的局限性和阶级的、时代的烙印；他们的功业建立于千千万万广大人民群众伟大创造的基础上。历史是人民群众创造的，伟大的人物们是历史和时代造就的。同时，我们也无法否定此间他们个人的努力。这也正是我们编撰这套丛书的目的。

我们期盼着这套丛书得到社会的认同，对读者，特别是青少年读者之历史感、成就感和使命感的培养有所裨益。史海浩瀚，群

星璀璨。我们以对广大青少年读者负责的精
神，精心遴选，以助力青少年成长进步，集
结出版了《历史的丰碑》系列丛书，敬请读
者批评、指正。

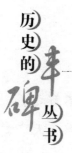

历史的丰碑丛书

编 委 会

策　划：　胡维革　吴铁光

　　　　　林　巍　冯子龙

主　编：　胡维革　邢万生

副主编：　贾淑文　谷艳秋

编　委：　（按姓氏笔画为序）

　　　　　于二辉　刘士琳

　　　　　刘文辉　孙建军

　　　　　李艳萍　吴兰萍

　　　　　杨九屹　隋　军

米开朗基罗从小就与石头结下了不解之缘。他对石头了如指掌，熟悉石头的纹路、天然接口和隐秘色彩，他似乎可以和石头沟通，他的思想和石头融为一体。他说："我只是把多余的部分拿掉，雕像早就在里面了。"石头在他的手下似乎有了感情和生命。

米开朗基罗一生孤独，一生都在与自己的经济窘境、教会统治势力做斗争。他的作品也如他的个性一样充满力量和气魄。然而为了艺术他却不得不在各种关系中委曲求全，因此，他的灵魂是痛苦的。

米开朗基罗擅长雕塑、绘画和建筑这艺术的三大门类，并把它们视为一个整体。他留给后世的艺术成就是一座不可逾越的山峰。

目　录

初露锋芒

> 我敬佩那些清晰地了解自己愿望的人，
> 这个世界大部分的灾祸是由于人们不够了
> 解他们自己的目标。他们要建一座高塔，
> 但却只做一间陋室所需的奠基工作。
>
> ——歌　德

　　"如果把达·芬奇的艺术比作不可知的海底的深度，米开朗基罗的作品则是高山的峻岭。"一位美术史家曾这样说。

　　米开朗基罗与达·芬奇和拉斐尔并称文艺复兴艺坛三杰，他是意大利文艺复兴盛期著名的雕刻家、画家、建筑师和诗人。米开朗基罗能够用这一切艺术形式来创作气势雄伟的作品，这些作品以迥非寻常的感染力与鲜明性体现了文艺复兴时期的主题。米开朗基罗的艺术不像达·芬奇的那样博大精深，擅长人物内心世界的刻画，把人物的感情表现得细腻入微；也不像拉斐尔的那样秀美、典雅、和谐，他的艺术风格不同于意大利文艺复兴时期的精美和宁静，而以雄浑、

豪放、宏伟和充满激情著称。他用人体作为表现艺术
的形式，他的挚友瓦萨利曾说："他专注于艺术中的主
要领域——人体，而把色彩的快感、想象、奇特的构
思，一概让给了别人。在他的作品中，你既看不到风
景，也看不到花草树木、亭台楼阁，若是你想在他的
作品中寻找一点精工细作的美，矫饰的美，那是枉然
的，因为他对这一切从来不予以丝毫的注意。"他把自
己的全部心血都做注在了刻画"裸体人物的美"上，
他把自己沉郁悲壮的一生中对崇高的追求、对热情的
沉醉，对理想的憧憬、对痛苦的体验，全都淋漓尽致

地倾诉在他创作的裸体作品中。正是在米开朗基罗的艺术里，文艺复兴时期的人文主义理想得到了更加全面的、极度鲜明的表达。

米开朗基罗·波纳罗蒂于1475年3月6日出生于离佛罗伦萨城不远的卡普莱斯镇。父亲洛多维哥·波纳罗蒂是当地的行政长官，常爱炫耀自己的家族和美第奇家族一样古老。关于米开朗基罗母亲的情况，我们知道的不多，只知道她体弱多病，可能在米开朗基罗几岁时就去世了。米开朗基罗出生以后，由奶妈玛格利塔抚养，玛格利塔的丈夫托波利诺是一位石匠，米开朗基罗从小就和石头结下了不解之缘。他从懂事起就在凿打石头的托波利诺身边转来转去，后来托波利诺教他在石头上雕刻花纹。在米开朗基罗成功地用錾子和锤子雕刻出第一个花纹以后，那种快乐的心情就映照出他以后的艺术生涯。很快地他就学会了雕刻各种花纹，这种基本训练为他以后的艺术事业打下了坚实的基础，培养了他的艺术才能。后来他的父亲又结了婚，全家搬到了佛罗伦萨城。他仍然一有机会就去托波利诺家，錾打那些一声不响的石头。

13岁时，他在一位朋友的引导下，去见当时佛罗伦萨著名的艺术家基兰达约，准备投身艺术事业，在他的门下学艺。米开朗基罗通过了基兰达约的画画考

试，因为他在家里常偷着学画。基兰达约同意米开朗基罗做他的学徒，但必须每年支付6个佛罗林。米开朗基罗不但说他一个钱也给不起，而且为了能让他爸爸同意，他要求基兰达约第一年给他6个佛罗林，第二年8个，第三年10个。米开朗基罗还申明"我是值得你花这几个钱的"。对基兰达约来说，他第一次听到他的学徒不但不交钱反而向他要钱，可是望着这个倔强执着的孩子，他还是答应了，"你打破了所有的规定，可还是进来了"。可是米开朗基罗的父亲洛多维哥看不起艺术事业，坚决不答应他去学画画，要他好好在学校里学习，将来成为一个富商。但米开朗基罗不顾父亲的反对，坚决地投在了基兰达约的门下。

在基兰达约的画坊里，米开朗基罗勤奋刻苦，学到了不少的基本知识，如怎样搅拌好画壁画用的白灰泥，怎样配制颜料，怎样制作画笔。同时他也打下了坚实的绘画基础。他的技艺进步很快，深得基兰达约的喜爱。同时他也开始显露出他的与众不同之处，他画出的耶稣大腿粗壮，双肩宽阔，脚板大而结实，基兰达约认为没有人会接受这样的耶稣形象，可米开朗基罗说耶稣是个木匠，就应该是这样。

这时，统治佛罗伦萨的罗棱索·美第奇创办了一所美术学校"庭苑"(又名雕像花园)。罗棱索召见基兰

达约，要他把自己最好的学生送两名到新开设的学校学习雕刻艺术。基兰达约当然不敢公开得罪罗棱索，不得不忍痛割爱，把米开朗基罗和另一名学生送往"庭苑"去学习雕刻。这正合米开朗基罗的心愿，他多么向往那个石屑纷飞的世界啊!那些冷冰冰的、一声不响的石头到了石匠的手里，就变成暖烘烘的、会呼吸的东西，就变得晶莹剔透，闪闪发光了。

当时佛罗伦萨处在美第奇家族统治时期。罗棱索的爷爷柯西莫·美第奇是一位杰出的政治家，又是一位文艺"保护神"。在他执政时期，他提出了"和平、繁荣和文化"的口号。对内缓和国内矛盾，比较关心

贫民的疾苦，给他们以帮助，出现了政治稳定的局面；对外实行和平外交政策，改善与教皇和各城邦的关系，从而出现了政局的稳定和经济的飞速发展，使佛罗伦萨一跃成为当时欧洲资本主义发达的地区。同时他还积极支持与扶植文艺复兴运动。他本人是古典文化的崇拜者，曾邀请希腊文化专家阿吉普洛斯来佛罗伦萨讲学。他十分欣赏柏拉图的哲学，建立了柏拉图学院。他聘请佛罗伦萨著名的人文主义学者布鲁尼和布拉丘里尼担任共和国的文书长。他同许多著名艺术家过从甚密，如画家安日利科、哥佐利，雕刻家基培尔提、多纳太罗，建筑家布鲁涅列斯奇都是府中的座上客。柯西莫还大兴土木，修建宫殿、别墅、教堂和城堡，整修佛罗伦萨城。柯西莫实行奖掖艺术，延揽名流政策的目的在于提高自己的威望，巩固自己的统治，为自己的家族增添荣耀，显示自己的财富和权力。

柯西莫的孙子罗棱索统治时期，成为美第奇家族史上最为辉煌的一页。罗棱索是一位胸怀大志，叱咤风云的历史人物。他是当时欧洲最大的银行家，教皇把他视为自己财政上的靠山，其金融势力影响着罗马和欧洲各国政治，他使佛罗伦萨共和国成为当时意大利以及整个欧洲举足轻重的国家。他不但是一位杰出的政治家，而且是一位人文主义诗人。在外交上，他

继续执行其祖父的和平外交政策，以惊人的胆识，只身前往敌国那不勒斯进行和谈，经过长达5个月之久的艰难曲折的谈判，终于取得了外交上的辉煌胜利。他同那不勒斯国王斐迪南签订了合约，结成同盟，从而使教皇西斯克特的"剑"——那不勒斯的军队停止了向佛罗伦萨的进攻。后来教皇也主动与佛罗伦萨修好。罗棱索14岁的儿子乔凡尼还被新教皇英诺森八世任命为红衣主教，人称"神童主教"。由于取得了这样

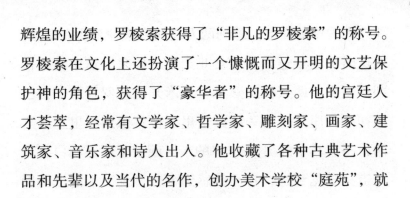

辉煌的业绩，罗棱索获得了"非凡的罗棱索"的称号。罗棱索在文化上还扮演了一个慷慨而又开明的文艺保护神的角色，获得了"豪华者"的称号。他的宫廷人才荟萃，经常有文学家、哲学家、雕刻家、画家、建筑家、音乐家和诗人出入。他收藏了各种古典艺术作品和先辈以及当代的名作，创办美术学校"庭苑"，就是为了培养美术方面的人才。

进入"庭苑"后，米开朗基罗在年迈的裴托尔多·迪·乔凡尼的领导之下进行学习，裴托尔多是多那太罗的门徒，是15世纪佛罗伦萨雕塑传统的维护者。裴托尔多对米开朗基罗要求非常严格。刚开始他在这里进一步学习绘画，巩固了自己的绘画知识，加强了对形象的把握能力，接着学习雕刻的基本知识。裴托尔多让他先从泥塑和蜡塑入手，练习准确地把两度空间的绘画变成三度空间的塑像。裴托尔多告诉他，雕像不仅要能从正面看，而且要能从每一个角度看，每一个角度都要完美无缺。在裴托尔多的指导下，米开朗基罗整天入迷地观察物体，琢磨形象。

一天，罗棱索和他的小女儿康黛辛娜来到雕像花园参观，米开朗基罗一直注视着康黛辛娜。这个姑娘白皙娇美，年龄比他稍小。当她从他身边走过时，他停下了工作，她也停下了脚步。他目不转睛地望着她

那惹人爱怜的面庞，感到两人之间有某种东西在觉醒。但这时罗棱索过来带着女儿走了。后来康黛辛娜经常到这里来，两人彼此熟悉了。米开朗基罗开始了自己的初恋，康黛辛娜一离开这里，他就感到心里空落落的，不过其中的奥妙14岁的米开朗基罗还不明白，只知道只要见到她，自己就感到十分喜悦，干活也特别有劲。这次初恋永远留在了米开朗基罗的记忆里，激

发着他的热情，从而创造出了伟大的作品。

　　米开朗基罗在学校里的出色表现受到了罗棱索的重视。他允许米开朗基罗观看他收藏的古希腊、罗马和现代名家的雕刻。米开朗基罗从这些雕刻中学到了不少东西。他精心研究了乔托与马萨乔的作品，对他

→胜利

们创造的庄严英勇的形象十分向往。同时罗棱索让米开朗基罗参加各种宴会。在宴会上，米开朗基罗认识了不少人文主义学者。他们热情洋溢地向米开朗基罗灌输新思想，并教他希腊文和拉丁文。他们经常聚在一起讨论问题，空闲时就教米开朗基罗读用平民语言写的诗歌，如但丁、彼特拉克等人的诗歌。米开朗基罗十分喜欢但丁的《神曲》，有不懂的地方就向他们请教。他们还提出要教米开朗基罗作十四行诗，米开朗基罗表示他想当个雕刻家而不是诗人。他们说："十四行诗格律严谨，跟大理石浮雕一样。教你写十四行诗，也就是训练你的逻辑思维能力。"并说，"要想成为一个完全的艺术家，光作画家、雕刻家或建筑师是不够的。要想表现得完美无缺，你必须是诗人。"于是米开朗基罗就向他们学作十四行诗。他对他们的思想表现出极大的兴趣，极度贪婪地汲取着知识的营养，渐渐地他的思想明朗起来了。他归纳出了这些人文主义学者所要表达的意思：我们要把世界还给人，把人还给他自己；人不再是邪恶的而是高尚的；我们不能因为他的永恒的灵魂而摧毁他的肉体；一个人没有自由的、活泼的、创造性的心灵，便不过是一只野兽，也只能像一只野兽一样浑浑噩噩地死去，根本谈不上什么灵魂；我们要把人的艺术、文学和科学，还有作为个体的独立思想和感情都归还给人；人绝不能像一个奴隶一样被捆绑在教条之上，在锁链之中死亡腐朽。后来，米开朗基罗把这些思想表现在了他的作品中。

1489年，他在罗棱索的府邸里参观了一个古希腊的半羊神雕像，那雕像生机勃勃，惟妙惟肖，眼睛里闪耀着淘气的神情。米开朗基罗被它的表情逗乐了，他迅速从口袋里掏出了画纸和铅笔，按照他想象中的2000年前希腊雕刻家刚刚完工的样子，为这个《半羊神》雕像画了一张速写。回去以后，他偷偷地找了一块大理石，这块石头在他手里成了有生命的东西，能够呼吸。"我为什么会产生这样的感觉？"他颤抖着询问自己。直到此时此刻，在他的手温情脉脉地抚摸着这乳白色的大理石的时候，他才感到自己生命的充实。他马上工作了起来，几天以后他的《半羊神》雕好了，他雕得栩栩如生，样子生机勃勃，欢天喜地，呈现出调皮的、狡黠的、令人神魂颠倒的神态。罗棱索发现了米开朗基罗雕刻的《半羊神》，对这个孩子在造型上的天赋感到十分吃惊，十分欣喜，他衷心地赞扬了米开朗基罗，鼓励他继续努力，并答应给他提供一切方便条件。

裴托尔多开始正式传授他雕刻艺术。他告诉米开朗基罗，要雕刻的形象必须顺着石头的纹理；为了找到石头的纹理，可以先往石头上泼水，纹理就会显现出来。他告诉米开朗基罗选取大理石的方法，要根据大理石的气泡和斑点来辨认大理石质量的好坏，要能从外表上看出内部是否有容易损坏的地方。

从此米开朗基罗天不亮就起床，赶往雕像花园，一刻不停地练习着雕刻，他心里的紧张感随着每一片石屑的溅落而消逝。石头使他充实，使他对世界充满了好感。随着时间的流逝他完全占有了石头；他的胳膊越来越有力，越来越轻松。那是抚爱的动作，他创造着活蹦乱跳、善解人意的艺术品。对于米开朗基罗来说，这是一种至高无上的享受。

在裴托尔多的指导下，米开朗基罗的技艺突飞猛进。1491—1492年间他完成了早期的雕塑作品《梯旁圣母》和《山陀儿之战》。这两件作品都是大理石浮雕，已显示出米开朗基罗的艺术特色，即以表现人物形象为中心。

《梯旁圣母》显示出从15世纪雕塑中保存下来

←梯旁圣母

的、在造型方面进行了琢磨入微的色调处理的浅浮雕技术。他的设计是这样的：左边是一道楼梯，圣母玛利亚侧身坐在右边的一张长凳上。阶梯扶手给人一种错觉，仿佛它就隐没在她怀里的孩子的膝盖处，如果她搂紧孩子的结实的手臂略为再张开一点，那她不但搂紧了孩子，而且扶住了阶梯扶手的下半部分。这样，扶手仿佛成了根直立的十字架柱子，玛利亚的腿膝部分就承受住了圣婴耶稣和十字架的双重负担，而耶稣后来是要被钉死在十字架上的。米开朗基罗的这幅作品震动了罗棱索与柏拉图学院的学者们。15世纪的艺术家往往强调年轻圣母的清秀和圣子的顽皮，具有风俗画色彩。米开朗基罗则创造出具有内在威力的圣母的庄严形象。米开朗基罗打破常规，使圣婴具有几乎像大力士般的体格。在这件作品上，就已流露出米开朗基罗所塑造的形象的英雄气概。

《山陀儿之战》刻画了勒庇底人与山陀儿的搏斗。浮雕上的处理手法大刀阔斧，不落窠臼，鲜明地展现出了天赋卓越的雕塑家的才华。搏斗场面热烈紧张，剑拔弩张，互相纠缠的形体扭成一团，贯穿着仿佛脉搏剧烈跳动似的节奏，表现的主题也是以后米开朗基罗作品的基本主题，即战斗的主题，表现与歌颂了英雄人物的力与美。他的艺术之所以要表现人物形象的

战斗激情和雄伟力量是和他所处的时代分不开的。他对意大利的四分五裂感到愤懑，渴望英雄人物出现来完成统一祖国的大业。

这两件作品，一方面反映了古希腊罗马雕塑对米开朗基罗的影响；另一方面预告了他未来作品的表现手法，同时也预告了他的未来作品中处理情节与布局的倾向。米开朗基罗在老年时仍十分眷恋他青少年时的作品《山陀儿之战》，因为这件作品中预示了他未来的成功。

青少年时代的故事

米开朗基罗是文艺复兴时代的大雕塑家、画家和建筑家。1475年3月6日，米开朗基罗出生在离佛罗伦萨不远的喀普列兹。

他的父亲卢多维科·列奥那多·波那罗蒂是卡普里斯的市长。他在一个全是男人的家庭中长大。他有四个兄弟，没有姐妹，母亲在他六岁时去世。因此当市长的父亲希望他的五个儿子能够经商，或者当银行家。当他发现小儿子执意想当艺术家时，分外恼火，开始用皮鞭"开导"他。然而皮鞭并没有打消米开朗基罗想当艺术家的决心，父亲万般无奈之下只好让他师从佛罗伦萨的一位画家——格兰达约学艺。

那时，格兰达约正在圣母院内做壁画。他叫学徒们研磨颜料，用布临摹他精制的草图。米开朗基罗的临摹超过了原作，引起了格兰达约的嫉妒。不久，他让米开朗基罗转往伯特尔多处继续学画。伯特尔多在为佛罗伦萨的统治者"豪华者"

劳伦佐效劳的同时，还给一群青年人讲授雕塑技法。伯特尔多是文艺复兴时代早期的现实主义传统的捍卫者，他在增长米开朗基罗的才干方面起了重要作用，他帮助米开朗基罗了解古代艺术的实例，研究意大利的现实主义大师的创作。

一天，米开朗基罗在美第奇花园中正在凿一个老人的头像，统治者"豪华者"劳伦佐碰巧在花园里经过，当他走过米开朗基罗的雕像时，停步下来。他看了一眼，转身朝着年轻的雕塑家："我的孩子，"他说，"你难道不知道，老人总是掉牙缺齿的吗？"米开朗基罗一看是劳伦佐在跟他说话，激动万分，他拿起工具，敲掉雕像的一颗牙齿，转身面对劳伦佐："这样行了吧？"

"对"，劳伦佐大笑，"好得多啦！"

劳伦佐对这个机灵而有才能的14岁孩子很有兴趣，把他带到美第奇宫，允许他同桌进餐，鼓励他跟自己的子女一起玩耍，送给他一件紫色大衣，每月给他五个金币，让他打开他的眼界，使他看到了异教世界的壮丽。在这儿，米开朗基罗从神秘主义者菲奇诺、哲学家皮科·米兰多拉，诗人波利齐阿诺，以及世界各地来到美第奇宫殿的学者、作家

和艺术家身上获得了丰富多彩的精神食粮。在美第奇的餐桌上大家对古希腊的哲学家柏拉图推崇备至，认为他是首屈一指的先知和圣人。

米开朗基罗在这种异教的影响下，完成了他的第一创作——浮雕《众怪之战》。这是一场半人半马怪物的逼真混战，充满希腊裸体的匀称美，一则远古神话在文艺复兴世界中的再生。

这是米开朗基罗纵横自如的世界，他在这段时期中的生活极为幸福。可是接踵而来的一次遭遇却使他肉体和精神带来终生的创伤。与他一起学艺的有才能的艺徒中，有一个名叫托里贾诺的，脾气急，拳头硬。这家伙打架的本领胜过绘画本领，米开朗基罗奉命批评他的画，事后发生了什么呢？最好莫过于看看托里贾诺的自白："那时我对他的批评比平时更为恼怒。我捏紧拳头，在他的鼻子上砰地一击，鼻骨便软得像松饼一样，他就这样终生带着我的拳头标记。"

米开朗基罗被抬到家里，人们以为他必死无疑。伤愈后，他在镜子里看到了自己的破相。从这天起，他明哲保身，开始以怀疑的眼光看待一切。

23岁时他来到罗马，开始应征为圣彼得学校塑造基督和圣母的雕像。此时，米开朗基罗深信文艺复兴的理想是不可动摇的。他创作出来的作品饱含着忧伤，在《皮耶塔》这幅雕像作品里，母亲把儿子的尸体抱在膝头上，凝视着他的面孔，像是想知道所发生的一切。他的手势是有适度的，逐渐地消除着痛苦的疑问，细腻地表达着她那内心深处的全部悲哀。把成年儿子放在母亲的膝头上的想法包含了一定程度的困难，而这个困难，画家经过深思熟虑以配置帷幔的方法解决了。穿在圣母身上的衣着呈现出流水般的轻盈的细小裙纹，突出了她的女性面貌，沉重的布料衣裙从两膝一直拖到地上，组成一团，类似雕塑的台座，上面安放着基督的身体。为了造成明确、完整和纯朴的印象，米开朗基罗采用了角锥形的造型雕像完成。雕像完成后全罗马的艺术爱好者蜂拥前来观看，大家都被这美丽而圣洁的圣母形象感染、震撼。

值得一提的是雕像作成后，米开朗基罗平生第一次亦是最后一次屈从于虚荣心这个弱点，在烛光下，把自己的姓名和故乡的地名刻在雕像上。从此以后，他再也没有在别的完成雕像上签名。

名震罗马

> 雕刻无须独创，它需要的是生命。
>
> ——罗　丹

15世纪90年代，天主教多米尼克修士萨伏那罗拉来到佛罗伦萨城，号召佛罗伦萨人民把美第奇家族赶下台，纯洁教会，打击异端，萨伏那罗拉在佛罗伦萨发表布道演讲，他猛烈抨击了教会的腐败和人间的丑恶，听众如醉如痴。米开朗基罗曾听过几次萨伏那罗拉的演讲，他深受感动。米开朗基罗支持萨伏那罗拉进行政治改革和宗教改革的努力，却不同意他对罗棱索和对艺术的攻击。

就在这时，米开朗基罗的老师裴托尔多逝世了。是裴托尔多把他真正带到了雕刻艺术领域的，不过，裴托尔多临终前是感到骄傲的，因为他预见到他的学生米开朗基罗会为他带来荣誉。

罗棱索接着也离开了人世，米开朗基罗对接连死去的两位良师益友的感情是深厚的，他对他们的逝世

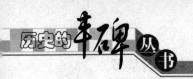

感到十分悲痛。米开朗基罗现在在美第奇的宫廷里无法住下去了，他只好搬回家里。在以前雕刻作品的时候，他感到没有人体结构的知识无法把握好人体的造型，而要了解人体结构，必须解剖尸体。当时的教会是不允许解剖尸体的，因此他只能偷偷进行。在一所修道院的开明的院长的默许下，他在晚上偷着解剖尸体，实际掌握了人体内部结构，从而为以后的雕塑掌握了又一把钥匙，增强了他作品的表现力。

　　1494年，法军入侵意大利，萨伏那罗拉领导佛罗伦萨人民乘机把美第奇家族赶下了台。市政委员会决定流放美第奇家族。米开朗基罗在政治上完全同情萨伏那罗拉，他"始终对萨伏那罗拉怀着强烈的敬爱之情，萨伏那罗拉燃烧一般的声音永远烙印在米开朗基罗的记忆里"。米开朗基罗和他的朋友这时到了威尼斯，不久又来到波伦那。在这里，他研究了但丁、彼特拉克和薄伽丘的著作，为他以后的诗歌创作打下了基础。他还仔细研究了雕刻家雅柯波·德拉·奎尔查的作品，这位雕刻家的艺术作品以形象雄伟，刚劲有力和戏剧性强而闻名于世，这些作品由于贯穿在形象上的英雄气概而使米开朗基罗感觉到特别亲切，这对米开朗基罗以后的创作不无影响。

　　这段时间里，他为波伦那的圣多米尼陵墓制作了《持烛台的天使》《圣彼得罗尼》和《圣普罗库尔》小雕像。1495年末，他回到故乡佛罗伦萨。这时佛罗伦萨完全掌握在萨伏那罗拉手中，但在政治上已分裂成三个派别，彼此之间互相倾轧。米开朗基罗为佛罗伦萨的政治分裂，政治斗争感到痛心。他在这段时间里完成里了两件仿古作品《幼年的施洗约翰》和《睡着的爱神》，其技巧之高，制作之妙，达到可以乱真的程度，甚至瞒过了古董商精明的双眼，被当成古典作品

收购到罗马。

　　1496年米开朗基罗第一次来到了罗马，一直到1501年他才离开。罗马城与他想象中的完全不一样。罗马城依山而建，建筑在山脚下起伏的丘陵上，整个城市已经残破不堪，好像遭到过洗劫一样。米开朗基罗的第一印象是脏乱，垃圾堆积如山，街道上臭气熏天，宫殿摇摇欲坠。历任教皇都把精力放在了吃喝玩乐上，根本没有努力为罗马城的建设做一些贡献。

　　罗马城是座古老而文明的城市。现在它是天主教教皇所在地。可是教会奢侈腐败，教皇生活糜烂，使这座城市失去了应有的光彩。米开朗基罗从此不得不与这里的教会头目打交道。他在罗马首先见到了红衣

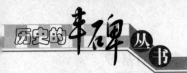

主教里阿里奥，里阿里奥引导米开朗基罗参观了古罗
马的雕刻。这个肮脏的城市里却拥有世界上最巨大的
艺术宝库，米开朗基罗徜徉在森林般的雕像群里，直
看得他瞠目结舌，痛感自己以前所学的东西太浅薄了。
他贪婪地从中汲取着自己所需的养料，这次参观使他

→酒神巴库斯

获益匪浅。他答应为红衣主教里阿里奥服务，红衣主教让他搬到了自己的府邸里居住，但是红衣主教又很快把他忽略了，没有为他安排工作。

一天米开朗基罗在街上看到了教皇亚历山大六世。这位在西班牙长大的教皇，身材魁梧，面目黧黑，双目发光，精力充沛。在他任红衣主教时，就以聚敛钱财、蓄养美女而著称于世，教皇庇护二世曾说他"风流得不成样子"。此刻他要去一个修道院，前簇后拥，好不威风。米开朗基罗对这种豪华奢侈的场面十分反感。

几个礼拜过去了，红衣主教里阿里奥仍没有为米开朗基罗安排工作，这时从家里传来他的继母去世的消息，米开朗基罗感到十分悲痛。继母把自己的爱全部倾注到他们父子身上了，他无论走到哪里都不能忘掉她的恩情。此后，爸爸情绪低落，家里入不敷出，欠债无法偿还，米开朗基罗不得不挑起养家的重担。他直接去见红衣主教里阿里奥，提出自己的工资要求。这位红衣主教只奖给他一块大理石，作为这些天的报酬。他不得不从红衣主教里阿里奥府里搬了出来，并向朋友借钱为家里还债。他搬到一位罗马银行家雅各波·迦罗家里，这位银行家答应买下他正在雕刻的作品《酒神》。

　　《酒神》又名《巴库斯》，像高2.08米，现藏佛罗伦萨国立博物馆。米开朗基罗用的是一个好酒贪杯，耽于逸乐的贵族青年作模特儿。这一大理石圆雕以希腊酒神巴库斯发明葡萄酒为题材，主题是巴库斯醉酒。米开朗基罗在这里既表现了巴库斯的醉，又表现了巴库斯的美。人们从巴库斯摇摇晃晃，头重脚轻，快要栽倒的姿态和动作中，看出他的醉态。巴库斯为了不至倒下，拼命地在那里寻求身体平衡，使劲挥头、伸脖子。手中微倾的酒杯也说明他喝醉了。这种醉态给人以运动感。米开朗基罗以精确无比的刀法表现了酒神的人体美，他把酒神按模特儿塑造成一个漂亮的男青年，身材魁梧、体态匀称、肌肉结实，洋溢着旺盛的青春活力，给人以健与美之感。酒神头戴葡萄串，极富装饰美感，使巴库斯显得年轻俊俏。酒神左手后面是一自然支柱，米开朗基罗巧妙地刻了一少女侧身坐在树桩上，她是小牧神萨提儿，其体态丰满，颇具魅力。不过她是一个半人半羊形象，她偷窃葡萄和兽皮被当场抓获，正狡猾地在那里微笑，仿佛她是在开玩笑。她给整个雕刻增添了浓郁的生活气息和幽默感。人们在米开朗基罗以后的作品中再也找不到小牧神的微笑了。专家们指出这一圆雕有两个特点：一是形象生动、活泼、乐观，在米开朗基罗毕生创作中是罕见

的；二是艺术家打破前人法则，不在平衡的动态中表
现人体美，而是以不平衡的动作来表现平衡中的人体
美。

米开朗基罗正在雕刻《酒神》时，雅各波·迦罗陪同有圣者风范的红衣主教格罗斯拉耶来看雕像。他惊奇地说："这样的一个形象，才完成一半，你怎么就能表现出这样活蹦乱跳的生命力呢?我简直能在你那大理石雕的皮肤下感觉到血液和肌肉的存在。"他要求米开朗基罗为圣彼得大教堂做一件大雕像。能为基督教世界最古老、最神圣的殿堂做一个雕像，米开朗基罗自然感到十分高兴。但当他去圣彼得大教堂观看时，却感到失望，整个教堂已经残破不堪得快要倒塌了。计划安放他的雕像的壁龛太深，雕像只能从正面才看得见，但米开朗基罗最后还是决定完成这一工作。

这时关于佛罗伦萨的情况传到了他的耳里。萨伏

那罗拉掌握佛罗伦萨政权以后，在佛罗伦萨引进了民选制度，并宣布不服从教皇管辖。教皇大为震怒，下令把萨伏那罗拉开除出教。但萨伏那罗拉根本不把教皇放在眼里，仍在圣诞节期间在圣马可教堂主持了三次弥撒。他当着广大的人群把耶稣像高高地举在手中，说如果他应当被开除教籍的话，就请上帝现在把他处死。上帝当然不会有所作为，他认为这是上帝支持了自己，他胜利了。但是佛罗伦萨人民对政治斗争已感到厌倦，他们希望过上和平安宁的生活。同时他们害怕由于萨伏那罗拉公开得罪教皇，教皇降旨惩罚整个城市，弄得贸易瘫痪，最终损害自己的利益，于是转而反对萨伏那罗拉。他们重新选举了一个市政委员会，新的市政委员会逮捕了萨伏那罗拉和他的助手，把他们关在市政厅里面，要他们改变信仰。萨伏那罗拉拒绝放弃信仰，被以异端罪判处死刑。死刑在市政厅广场举行，萨伏那罗拉被活活绞死。萨伏那罗拉的殉道深深地震动了米开朗基罗。

米开朗基罗与红衣主教格拉斯拉耶签订了合同，合同规定他雕刻一座《悲恸》，一年完工。米开朗基罗发现自己第一次被称为大师。迦罗还在合同中写道："我，雅各波·迦罗保证：这个作品将比今天罗马任何大理石雕刻都美，为我们时代的一切大师所不及。"

　　为了完成这座雕像，米开朗基罗租了一间房子作为自己的工作室，买了一点简单的日常用品，开始在这间屋子里没日没夜地工作起来。为了寻找到合适的模特儿，他观察了许多面容姣好的年轻修女，并找了许多犹太人来作耶稣的模特儿。终于圣母玛利亚和耶稣的形象在他头脑中清晰起来。石屑开始纷飞，栩栩如生的人物开始在他的手底下出现。

　　《悲恸》又名《哀悼基督》，像高1.75米，台座宽1.68米，现安置在罗马圣彼得大教堂进口右侧的小教

→ 圣母哀子像

堂内。这一大理石组雕是依据《圣经》故事而作。不论米开朗基罗怎么找，在《圣经》上都找不到任何语句，说明圣母玛利亚从十字架上卸下耶稣之后，曾有片刻时间和他单独在一起，但在米开朗基罗的心目中，别的人是不能在场的。因此他这个组雕表现的正是耶稣基督被从十字架卸下后，圣母玛利亚抱起儿子的尸体时的悲痛与哀悼的情景。它寄托了作者对萨伏那罗拉牺牲的哀思。米开朗基罗一反惯例，没有表现众多人物的悲痛场面，而是运用雕刻艺术特有的高度集中的优点，只塑造了圣母玛利亚和基督两个人物。以圣母为主体，每个运动作、表情高度概括。米开朗基罗不仅表现了圣母的悲痛欲绝，而且也表现了圣母的美丽动人，以直觉的美和本质的悲，表现了伟大的母爱。头披长巾的圣母端坐，把裸体、遍身伤痕的基督放在自己的膝盖上，右手搂住儿子，左手略微摊开的动作，细腻而又强烈地表现了内在的感情。她低头俯视自己的儿子，其表情显示出万箭穿心似的痛苦，欲哭无泪。真是于无声处见伤悲，于无泪中见哀恸。米开朗基罗没有按照惯例把圣母表现得老态龙钟，而是把她描写得异常年轻，看上去比她的儿子还要年轻。后来米开朗基罗向他的学生做过解释："既然圣母是纯洁、崇高的化身，是神圣事物的象征，就一定能够避免岁月的

折磨和世事的毁损。她所体现的青春永恒与形象的不朽性，正是人类对这种美好事物的最高理想。"圣母俊美，使悲痛与母爱显得更加深沉和含蓄。总之这尊雕像给人以深沉、纯洁、真挚、典雅、崇高之感。

《哀悼基督》这一作品标志着米开朗基罗的创作进入了一个新阶段，表现在对文艺复兴时代人文主义思想胜利的坚定不移的信心。挑选这一含义深远的主题，即描写为死去的儿子而哭泣的圣母的悲痛，对米开朗基罗的创作探索来说，是具有典型意义的。他对这个主题作了深刻的、为15世纪的艺术家所望尘莫及的诠释。米开朗基罗总是向往具有悲壮性格的形象，他在这一件作品上提供了对戏剧性冲突作出详尽无遗的心理揭示的范例。在这件作品中，米开朗基罗表现出他能够游刃有余地应付布局上的难题，能够感觉到人的姿势中情感洋溢的丰富内容。例如，在玛利亚俯下来的头部上，在玛利亚伸开去的左手的动作上，都具淋漓尽致的表现力。人们似乎可以从玛利亚伸开去的左手的动作中看出沉思、悲痛、困惑和疑问来。

这件作品安放到圣彼得大教堂以后，轰动了罗马全城，人们面对构思如此卓越，艺术如此完美的作品，猜测是某个著名大师所为。人们不相信这是年仅25岁的米开朗基罗的作品。米开朗基罗感到十分气愤，深

夜拿着工具在圣母左肩的衣带上刻下了自己的大名。
这是艺术家一生中唯一署名的作品。从此米开朗基罗
名闻遐迩。

　　1975年5月的一个傍晚，一名歹徒执锤偷偷进入
圣彼得大教堂内，打断了基督的足趾。梵蒂冈当局立

→米涅瓦的基督

即派人将其修复，并加上防护玻璃罩。从此游人只能
远远地欣赏这一传世名作了。

相关链接
XIANGGUAN LIANJIE

米开朗基罗雕塑故事

（一）

　　大卫像是艺术家米开朗基罗的代表作之一。各位可知道，当米开朗基罗刚雕好大卫像的时候，主管这件事的官员跑去看，竟然不满意。

　　"有什么地方不对吗?" 米开朗基罗问。

　　"鼻子太大了!" 那位官员说。

　　"是吗?" 米开朗基罗站在雕像前看了看，大叫一声："可不是吗? 鼻子太大了，我马上改。"说着就拿起工具爬上架子，叮叮当当地修饰起来。

　　随着米开朗基罗的凿刀，掉下好多大理石粉，那官员不得不躲开。

　　隔一会儿，米开朗基罗修好了，爬下架子，请那位官员再去检查："您看，现在可以了吧!"

　　官员看了看，高兴地说："是啊! 好极了! 这样才对啊!"

　　送走了官员，米开朗基罗先去洗手，为什么? 因为他刚才只是偷偷抓了一小块大理石和一

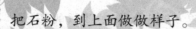

把石粉，到上面做做样子。

从头到尾，他根本没有改动原来的雕刻。

但是，各位想想，如果米开朗基罗不这样做，而跟那位官员争，会有这么好的结果吗？

（二）

有一天，他经过一个有着各式各样大理石的市集，他看到一块非常漂亮的石头，所以就上前询问。商店老板说："如果你要这块石头，你可以免费带走它，因为它在那里只是浪费我的空间。12年来，从没有人问过这块石头，我也看不出它有什么潜力。"米开朗基罗带走了石头。

他花了将近一年的时间在这块石头上工作，雕刻出有史以来最美的雕像。这座雕像雕的是耶稣基督，他被人从十字架上抬下来，正躺在他的母亲圣母玛利亚的怀里。雕像是这么地栩栩如生，彷佛耶稣随时会醒过来。米开朗基罗将这块大理石使用得这么美，你可以同时感受到耶稣的力量和他的脆弱，还有圣母玛利亚眼中的泪光。

在米开朗基罗完成雕像后，他邀请商店老板到他家里来，老板无法相信他的眼睛，他说："你从哪里找到这么漂亮的大理石？"米开朗基罗说：

"你难道没有认出来吗？它就是那块丑陋的石头，在你的店门口放了12年的石头。"老板问："你是怎么办到的？你为什么会认为那块丑陋的石头能够变成美丽的雕像。"米开朗基罗说："我从来没有想过这件事，但是我曾经梦想着要雕刻一座这样的雕像。当我经过那块石头时，我突然看见耶稣在召唤我。他说：'我被困在这块石头里，放我出来，帮助我脱离这块石头。'所以我做的工作其实是微不足道的，我只是去除掉石头上多余的部分，然后耶稣与玛利亚就从桎梏中解脱出来了。"

（三）

米开朗基罗曾在佛罗伦萨雕刻了一尊石像，因为那尊雕像体积庞大，又将摆放在城市的显要位置，米开朗基罗从构思、手法上竭尽全力。经过将近两年的创作，米开朗基罗终于完成了作品。当他自己看到这尊凝聚了自己所有功力的作品时，他自己也为自己感到骄傲。作品预展时，佛罗伦萨万人空巷，对他的创作叹为观止。最后连佛罗伦萨市长也来参观了，众多权贵围在雕像前窃窃私语，等待市长发表意见。市长傲慢地朝雕像看了几眼，问："作者来了吗?"米开朗基罗被人请

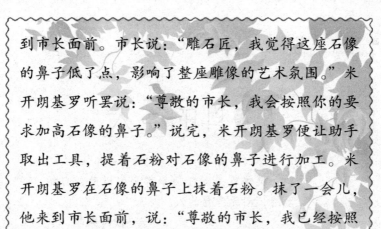

到市长面前。市长说："雕石匠，我觉得这座石像的鼻子低了点，影响了整座雕像的艺术氛围。"米开朗基罗听罢说："尊敬的市长，我会按照你的要求加高石像的鼻子。"说完，米开朗基罗便让助手取出工具，提着石粉对石像的鼻子进行加工。米开朗基罗在石像的鼻子上抹着石粉。抹了一会儿，他来到市长面前，说："尊敬的市长，我已经按照你的要求加高了石像的鼻子，你看现在还行吗？"市长看了点点头说："雕石匠，现在好多了，这才是完美的艺术。"

市长走后，米开朗基罗的助手百思不得其解，问："你只是在石像的鼻子上抹了三把石粉，石像的鼻子根本没有加高啊？"米开朗基罗说："可是，市长认为高了。"

据说那尊石像还矗立在佛罗伦萨的街头，知道那尊石像来历的人都知道这样一句谚语："权贵的虚荣就是石像鼻子上的三把石粉。"

战斗的巨人

> 英雄就是对任何事都全力以赴，自始
> 至终，心无旁骛的人。
>
> ——波特莱尔

　　1501 年，米开朗基罗满载盛誉回到佛罗伦萨。他在罗马时听说佛罗伦萨市政厅打算搞一个雕刻竞赛，目的在于把雕刻家奥古斯丁·第·杜丘已经雕刻过的大理石柱雕刻成最完美的形象。15 世纪初，佛罗伦萨运来一块有三人高的巨石，当时的雕刻家奥古斯丁·第·杜丘曾经在这块大理石上进行过雕刻工作，企图把它雕刻成大卫像。大家都认为，他已经把这一块大理石损坏到不堪收拾的地步了。米开朗基罗以前曾打算买下这块巨石，雕出一尊伟大的作品，但因没有足够的钱而不得不放弃了。现在米开朗基罗决心回到佛罗伦萨把这项任务争取到手。

　　他快有 5 年多没有回佛罗伦萨了，这个城市里发生了许多变化。人们在恢复被萨伏那罗废除了的东西，逃离城市的艺术家们陆续回来了。继母的逝世对

→大卫像

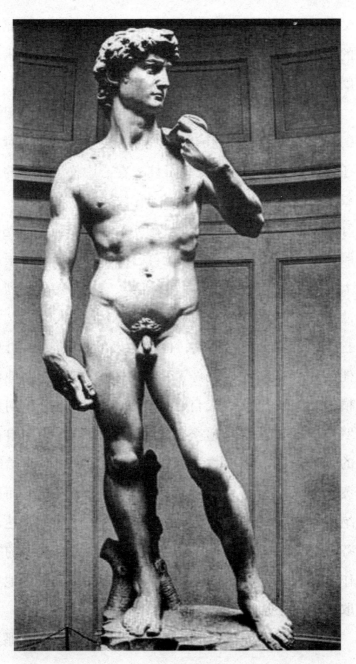

父亲洛多维哥打击很大，他苍老了许多，而几个兄弟的工作又赚不了几个钱。为了维持家里的开支，米开朗基罗不得不加倍工作。

米开朗基罗回到佛罗伦萨以后，开始仔细阅读《圣经》，寻找一个能够雕刻成像的英雄主题。同时他还多次去观看了那根大理石柱，在心中构思雕像的形象。一天黎明时分，他来到了存放大理石的地方，初升的太阳普照大地，万物正在苏醒。太阳斜射的光芒照亮了大理石柱，正好把他自己的影子投射到那根庞大的石柱上，使他变成了一个巨人。一个想法猛烈地冲进他的脑海，他的雕像的主题应是巨人大卫，把它作为佛罗伦萨的象征，他为自己的想法激动不已。他开始仔细研究《圣经》中大卫的形象，把握他的精神特质，以便完成自己脑中的造型。他开始向佛罗伦萨的市政当局递交自己的设计图纸，说明自己的创作意图。当时许多人都赞成把这项任务交给列奥那多·达·芬奇，但是达·芬奇因轻视石雕而拒绝了。米开朗基罗十分佩服达·芬奇，十分欣赏达·芬奇的作品，但对达·芬奇瞧不起自己所从事的工作，感到十分不满。但达·芬奇不参加竞争，为他争取到这项任务加大了几分把握。

米开朗基罗为了维持家里的生计，前往西埃那为

西埃那大教堂雕刻了一个《圣保罗》雕像。佛罗伦萨

人为不能把自己的艺术家留在佛罗伦萨而感到惭愧，

终于决定把这项任务交给他。

　　大卫是《圣经》中记载的古希伯来民族传说中的

一个英雄。在耶稣诞生之前，他就是上帝在人间的代理人。上帝看中了大卫，决定立他为以色列王。那时候，他还是一个小牧童，长得非常英俊，伶俐可爱。当他受到圣灵感召后，更为聪明勇敢，所向无敌。在一次以色列人与非利士人的战争中，敌方的巨人歌利亚上前骂阵，以色列人慑于他的勇猛，龟缩在营中40天不敢出战。一天，大卫受命来前线给军中的哥哥送饭，见此情景，大感羞耻，就向当时的扫罗王讨令迎战。扫罗王因为他年幼不答应，大卫就对扫罗王说放羊时有时来了狮子，有时来了熊，从羊群中叼一只羊羔去，自己都敢追赶它，打它，将羊羔从它口中救出来，甚至揪着它的胡子，将它打死。一个非利士人又有什么可怕的？扫罗王只好答应了大卫的请求，并把自己的盔甲脱下来给大卫穿上。但大卫从小放羊，从未穿过军装，觉得很不自在，便脱了下来。他手执一杖，从溪中选了五块光滑石子，放在牧人常用的袋子中，带着甩石子的机弦来到阵前找歌利亚对阵。两人对骂一阵儿后，开始准备决一雌雄。大卫先发制人，从袋中掏出一块石子来，用投石机把石块飞快地甩了出去。石块不偏不倚，击中了歌利亚的前额，并嵌入脑门，歌利亚当场毙命。大卫跑过去抽出对方的大刀，割下了他的头颅。非利士人大败而逃，从此大卫威名

远扬。后来，他几经周折，终于统一了以色列与犹太而成为国王。米开朗基罗刻画的正是这个战前的大卫。

米开朗基罗为了雕好自己的作品，前去观看前人创作的大卫形象。在卡斯塔诺的油画中，年轻的大卫小手小脚，细胳膊细腿，五官清秀，面容姣好，一头浓密的卷发迎风飘扬，仿佛一半是男性，一半是女性。而在安东尼奥·波莱瓦洛的《胜利者大卫》中，大卫的年龄稍大一些，双脚也稳定了，但却翘着几根纤纤玉指，仿佛是一位正要吃蛋糕的娇小姐。他的躯干部分虽然十分发达，姿态也能体现出勇毅果敢，但却穿着佛罗伦萨贵族的滚着花边的外氅，配着同样的镶有花边的衬衫。这哪里是英雄大卫的形象。委罗基奥的青铜大卫像不过是一个沉思的少年。倒是多那太罗用大理石雕成的大卫像对肌肉的细腻入微的刻画使米开朗基罗感到满意。这雕像的两只手很健壮，露出在华丽的长袍下的脚也很结实，脖子也粗壮一些，只是目光空虚，下巴松弛，嘴形软弱，在草叶和莓子结成的花环下覆盖的是一张没有表情的面孔。多那太罗的青铜大卫像是一个头戴风帽、手持长剑、脚踏人头的裸体少年，比较壮实，腿和脚都坚实有力，足以支撑那躯体，但五官清秀，在装饰华美的帽子下面是一张几乎像女人一样的面孔，卷曲的长发披在肩上。它虽然

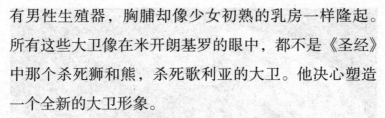

有男性生殖器，胸脯却像少女初熟的乳房一样隆起。所有这些大卫像在米开朗基罗的眼中，都不是《圣经》中那个杀死狮和熊，杀死歌利亚的大卫。他决心塑造一个全新的大卫形象。

米开朗基罗知道现在他的设想已经跨过了他上交的设计草图中的形象，他的思想进入了一个新的境界。但要具体把这种能够体现出美、力量、智慧和信心的精神特质用一块大理石表现出来，还是颇费思索的。米开朗基罗最初的设想是大卫脚下踩着歌利亚的头，一手拿石子，一手在肩上取投石器。他的朋友很快指出了他的设计的自相矛盾：上一半正准备用投石器去打仗，下一半却已经胜利地踏在敌人的头颅上。他苦苦思索着，一天，一道闪电划过他的脑海，必须摆脱前辈艺术的阴影，把歌利亚的头除去。在纯洁的艺术世界里，歌利亚那黑色的、死亡的、血污的、丑陋的头颅不应该占据任何位置。让那颗可怕的头颅永远锁在大卫的足踝旁，就会使大卫的业绩不过是杀死一个敌人的行动而已。然而在他看来，那次行动不过是大卫生命意义的一小部分。大卫可以用来代表人在生活的各个领域中的勇气。用不着歌利亚的头来提醒，他也可以成为人的勇气的象征，成为战胜比歌利亚更重要的敌人而取得胜利的象征。他表现的不是单个的人，

他要表现的是普遍的人，因为人类自古以来都面临着是否为自由而战斗的抉择，他要表现的是出征前的大卫。

米开朗基罗是一位充满战斗激情的爱国者。他要用艺术使佛罗伦萨人民坚信，人是伟大的，人具有无穷无尽的力量，人民应当建立起战胜敌人的信心。他们不能依靠任何人，只能依靠自己的力量，时刻提高警惕，拿起武器来保卫自己的国家，就像古代的英雄大卫保卫自己的祖国一样。他要在这座雕像中倾注自己满腔的爱国热情。

现在大卫的形象已经藏在了米开朗基罗的心中，只需要把它表现出来就行了。米开朗基罗请人设计了一个旋转台，把大理石石柱吊上了旋转台，在旋转台周围搭起了能够调整高度的塔式脚手架。米开朗基罗迫不及待地工作起来，沉睡了半个世纪的大理石在他手下苏醒了，石像的各部分逐渐显露出来。

米开朗基罗一干起活来，就废寝忘食，如饥似渴。灰粉塞满了他的鼻孔，染白了他的头发。米开朗基罗在脚手架上忘记了一切，这里成了他的天堂。许多来观看他工作的人们都被他的激情弄得目瞪口呆。他们只看到石头碎屑纷飞，以为整个大理石都会变成碎渣飞起来。形象开始冲破石块，生气勃勃地钻出来了。

米开朗基罗把《大卫》雕刻成一个舒展自如、充满信心、昂然挺立的裸体青年形象。像高5.5米，有"巨人"之称。米开朗基罗表现的大卫是即将投入战斗时的情形。大卫左手紧握肩上的投石机弦，右手有力地拿着一块石头，头猛然左转，漂亮的面孔充满愤怒，

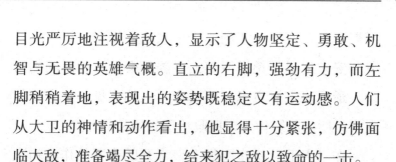

目光严厉地注视着敌人，显示了人物坚定、勇敢、机智与无畏的英雄气概。直立的右脚，强劲有力，而左脚稍稍着地，表现出的姿势既稳定又有运动感。人们从大卫的神情和动作看出，他显得十分紧张，仿佛面临大敌，准备竭尽全力，给来犯之敌以致命的一击。

米开朗基罗以无比精确的解剖学知识，表现了大卫雄健的体魄，他身上的线条匀称和谐。米开朗基罗把每一块肌肉都刻画得充满青春活力，大卫全身肌肉结实，似乎蕴藏着无穷无尽的力量。米开朗基罗还用夸张的手法，放大了大卫的头和两只手臂，这不但不影响艺术的真实性，反而加强了形象的艺术效果，给人以非凡的巨人印象。米开朗基罗技艺精湛，臻于完美，逐渐攀上了雕刻艺术的高峰。

后来，佛罗伦萨人民把这一杰作视为提高警惕，保卫祖国的象征。因此称它为"保卫祖国的市民英雄"，成为鼓舞和教育人民的艺术珍品。当时的建筑师朱里亚诺·达·莎迦洛直截了当地称大卫雕像为公共的纪念碑。意大利人把这一纪念碑式的巨作看成是划时代的事件，用它来计算时间，"巨人塑成的那一年"成了新时代的第一年。为此佛罗伦萨市政府特地成立了一个委员会，讨论巨像的安放地点。应邀参加的都是当时著名的艺术大师，其中有达·芬奇、波提切利、

柯斯莫·罗赛里、菲利比诺·利比、埃罗·第·柯西莫和安东尼奥·桑塔罗等人。委员会经过长时间的讨论，最后决定尊重米开朗基罗本人的意见，把它安放在市政厅门前，作为市民政治理想的象征。

　　在《大卫》这座雕像上，米开朗基罗的作品初次表现了新的内在的性格特征：以前从未出现过的意志紧张的高度集中，赋予英雄人物形象以严厉的、令人望而生畏的威力。据米开朗基罗的朋友瓦萨利说，佛罗伦萨人了解安放在市政厅前的《大卫》的意义，它

←圣家族

是作为英勇地保卫这个城市、公正地管理这个城市的口号。安放《大卫》巨像时，举行了隆重的揭幕仪式，全城欢腾，像欢度盛大的节日一样，人们沉浸在欢乐之中，以至通宵达旦。后来为了保存好原作，将其移入室内，现藏佛罗伦萨阿卡德米亚美术馆，在市政厅门前放的是仿制品。

在完成《大卫》雕像以后，米开朗基罗成为佛罗伦萨的官聘艺术家。市政厅打算让他雕一套十二圣徒像，并答应给他一幢房子作为工作室。在雕刻《大卫》期间和之后，米开朗基罗还创作了《布鲁日圣母子》大理石圆雕、《圣家族》圆形木版画和《卡希那之战》壁画等作品。

《圣家族》是为米开朗基罗小时候的伙伴阿格诺罗·唐尼画的。现在唐尼做羊毛生意发了大财，并且由于他善于钻营，爬上了佛罗伦萨上流社会，并要和一个名门望族的小姐结婚。他打算让米开朗基罗画一幅《圣家族》，作为结婚礼物，送给他的未婚妻。米开朗基罗答应了。按照以往画家的习惯，圣家族通常包括3至6个人物，包括圣婴耶稣，他的父亲约瑟，母亲玛利亚，外祖母安妮，伊丽莎白和约翰。米开朗基罗只打算画前三个人物。在米开朗基罗眼里圣母是永远不会衰老的，所以他打算把玛利亚画得年轻漂亮。米

开朗基罗到农村去写生，他为他的神圣家族画了一个手脚结实但年轻漂亮的母亲，一个面颊红润的孩子，一位健壮的父亲，以草地作为他们的背景，3个人相亲相爱。他又在这一面画了一片海洋，那一面画了一片山岭；然后在他们后面画了5个裸体青年，像希腊的饰带画一样。唐尼看了以后认为这样一幅农民画不适合送给他的未婚妻，没想到他的未婚妻却非常乐意接受这张米开朗基罗的作品。

1503年10月，佛罗伦萨市政府聘请达·芬奇为佛罗伦萨市政大厦大厅绘制壁画《安加利之战》。米开朗基罗因为达·芬奇瞧不起雕刻，对他心存愤懑。年轻气盛的米开朗基罗要同画坛巨匠达·芬奇一

决高低，坚决要求市政府让他在大厅对面墙上画另一幅壁画，经过多次争取，市政府才允许他画《卡希那之战》。两位画家在佛罗伦萨展开的壁画竞赛，成为西方美术史上有名的佳话。

两位艺术家都以战争为题材，但却有不同的表现角度。达·芬奇坚决反对非正义战争，认为非正义战争是"最野蛮的愚蠢行为"，因此采取积极揭露的态度。米开朗基罗则从另一角度来热情地歌颂正义战争，赞扬普通士兵保卫祖国、英勇牺牲的爱国主义精神。两位画家所描写的内容也不一样，达·芬奇选择战争进入最紧张最激烈的夺取军旗的高潮时刻，米开朗基罗表现的则是战争即将开始的时刻。尽管两人绘制壁画的角度不同，内容各异，然而他们作品的艺术效果却是殊途同归的。达·芬奇看到米开朗基罗完成的《大卫》雕像和《卡希那之战》的初稿以后，十分欣赏米开朗基罗的才华，纠正了自己以前的偏见。他们互致敬意，消除了以前的芥蒂。

《创世纪》

人是从天堂掉下来的神——没忘记天堂的神。

——拉马丁

正当米开朗基罗布置好自己的工作室，准备为佛罗伦萨市政府雕刻十二圣徒像的时刻，教皇朱理二世邀请他前往罗马。佛罗伦萨市政当局不敢得罪教皇，只得放米开朗基罗成行。

1503年上台的朱理二世野心勃勃，在与法国、西班牙、神圣罗马帝国在意大利的角逐中，不断取得胜利，一度把法国势力逐出意大利。朱理二世一心想扩大教廷的世俗权力，亲自带兵作战。他还是一位有作为的统治者，他赞助艺术，并且他本人就是一位建筑师，堪称教皇中最杰出的人才之一。

米开朗基罗1505年来到罗马以后，发现在朱理二世的统治下，罗马城发生了惊人的变化，断壁残垣和残破不堪的房屋被拆除了，正在重新铺砌路面，加宽街道，建造大厦。他的朋友朱里亚诺·达·莎加洛现在成为罗马的官聘建筑师，正在负责重建罗马。他带米开朗基罗去见教皇朱理二世。朱理二世热烈欢迎米开朗基罗来到罗马，告诉米开朗基罗在圣彼得大教堂看到了他的《哀悼基督》，十分欣赏他的才华，打算让他负责为自己修建一座"世界上最伟大"的陵墓。朱理二世告诉米开朗基罗，他的陵墓打算建在圣彼得大教堂内，并谈了他的建墓计划。

米开朗基罗为教皇的宏大计划所鼓舞，接受任务以后，马不停蹄地工作起来。首先他去圣彼得大教堂考察陵墓地点，发现教堂已得到修缮，又一次看到了自己的作品《哀悼基督》，倍感亲切。但他发现这里挤满了历届教皇的陵墓，已没有多少地方能安置朱理二世。接着他开始躲在屋子搞陵墓设计，很快就完成了设计草图。草图气势宏伟，光雕像就有40多个。朱理二世看了之后十分满意，要他尽快着手进行，并粗暴地拒绝了他提出的10年计划，只答应给他5年的时间。教皇命令米开朗基罗和莎加洛以及另一位建筑师布拉曼特去圣彼得大教堂考察陵墓的恰当地点。他们发现，按照米开朗基罗的设计，圣彼得大教堂根本容纳不下这个宏伟的陵墓，于是向教皇建议建造一座新的殿堂，教皇同意了。后来决定这一教堂的设计由公

开竞争来决定，莎加洛和布拉曼特各自提出了自己的
方案。最后布拉曼特的设计被接受了。布拉曼特的设
计方案是新修一个圣彼得大教堂，把旧教堂包括在里
面。（后来旧教堂被拆除了）他的设计优美大方，格局
典雅。

←创世纪

为了购买到上好的石料，米开朗基罗亲自赶往卡拉拉产石地，监督开采和运输大理石材，在这里工作达8个月之久。米开朗基罗在采石场，曾面对庞大的大理石矿山，产生要把一座石山雕刻成巨像的大胆设想。他雄心勃勃，想和古代的雕刻大师们较量一番。后来他常以未能实现这一宏伟的愿望而感到遗憾。大理石运到罗马以后，石料几乎堆满了大部分圣彼得广场和卡斯尔走廊之间的重地。石料数量之多，在罗马城是空前的。这时由于有人嫉妒米开朗基罗的才华，从中破坏，教皇听信谗言，突然改变主意，勒令停止陵墓工程，并且连采集大理石的款项也不支付。米开朗基罗对此感到非常气愤和失望。他多次去见教皇，教皇不是借口拖延，就是把他拒之门外。米开朗基罗只好自己掏腰包，变卖家产，用了1 000多金币来垫付这笔运输费用。

教皇对他的欺骗和愚弄，米开朗基罗忍无可忍，因此毅然决定离开罗马。他只给教皇留一纸便条便走了。教皇朱理二世知道以后，立即派人追赶，生性倔强的米开朗基罗断然拒绝返回罗马，并交来人带回一封短信，表示以后再也不承担教皇的任何任务了。米开朗基罗这一痛苦经历，对他一生是颇有教益的。尽管以后他迫于形势还不得不为教皇和权贵服务，但他

已经认识到那不过是为了满足他们愚蠢的私欲而已。因此，他的艺术常常和这些主顾的想法背道而驰，他在完成不朽的杰作西斯廷教堂天顶壁画后，给父亲的家信中明确地表达了自己的创作环境："我是被迫而作此。我的艺术，是在受到敌视的环境中生长的。"

米开朗基罗愤然离开罗马，回到佛罗伦萨以后，他的强硬骨气受到佛罗伦萨艺术家的赞赏，一时间他在他们中间成为英雄。但佛罗伦萨市政厅却不赞成他的做法，他们害怕因此得罪教皇，敦促米开朗基罗赶快回到罗马向教皇道歉，并取消了他的雕刻合同。教皇连续几次发出通告，命令米开朗基罗返回罗马，并向佛罗伦萨市政府施加压力，但还是遭到米开朗基罗的拒绝。于是，教皇决定诉诸武力，他使用收买的办法，兵不血刃地占领了波伦那。佛罗伦萨市政府根本不愿开罪于教皇，面对如此严重的事态，要求米开朗基罗为了佛罗伦萨人民的利益，去与教皇朱理二世和解。至此他与教皇的和解已成为佛罗伦萨重大的国事问题，米开朗基罗知道自己输了，为了避免事态进一步恶化，不得不改变主意，决定前往波伦那去见教皇。

1506年11月，米开朗基罗在波伦那见到了朱理二世，双方对视良久，米开朗基罗拒绝下跪，教皇只

→ 朱理二世墓室雕塑

好先开口向他做了接近于公开道歉的表示，两人和解
了。教皇朱理二世对他又是祝福，又是赠礼，并要他
为自己铸造一座铜像。米开朗基罗很快完成了铜像的
设计，朱理二世看了以后很满意。米开朗基罗一边为

铸造做准备，一边陪着朱理二世出去，观看他的一举一动，画成速写，直到熟悉了教皇身上的每一块肌肉和骨头。接着按设计完成了蜡塑模型，米开朗基罗用了将近两年时间将铜像浇铸成功。据米开朗基罗的朋友瓦萨利说："这尊铜像表现了高度的艺术性，姿势中见出伟大与崇高，衣着上见出风采与豪华，面貌上添加了勇气、力量、决断和某种威严"。这一作品安放到波伦那的一座教堂，在1511年被波伦那起义的群众摧毁。

米开朗基罗完成铸造教皇铜像任务以后回到佛罗伦萨不久，教皇朱理二世再次写信邀请他去罗马。原来教皇对完成的铜像十分满意，有人看到他得到了教皇的欢心，便向教皇进言，让米开朗基罗来画西斯廷教堂的天顶壁画，因为他们认为米开朗基罗只会雕刻，不会画画，这样可以使米开朗基罗丢丑。教皇朱理二世了解米开朗基罗的才华，也同意由他来完成这一艰巨任务。

米开朗基罗到达罗马以后去觐见教皇，教皇向他说明了此次请他来的意图，米开朗基罗现在最想干的是雕刻，而不是绘画，他想把为建造朱理二世陵墓而从卡拉拉运回的大理石雕刻成石像，因此他再三推辞，但在教皇的一再坚持下，他不得不同意了。在动笔作

→西斯汀礼拜堂拱顶《创世纪》

画之日，米开朗基罗不无愤怒地写道："1508 年 5 月 10 日，我，雕刻家米开朗基罗，开始作西斯廷的壁画。"

尽管米开朗基罗不愿意干这件事，但当他一投身其中，就忘我地工作起来。这么大的绘画工程他必须亲自做好一切准备工作，同时他还必须到乡村郊外去汲取创作的灵感，对绘画的内容这

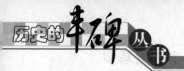

个关键的问题，进行仔细思考，对后来他决定用画表现上帝创造世界这一宏大的工程。他给佛罗伦萨的画家朋友写信，请他们来帮忙。米开朗基罗的绘画计划最初设想得比较简单，只想在天顶三角档之间，画12个圣徒，其余部分画几何形装饰。这样他自己完成主要部分的12个使圣像，其余的装饰性部分由佛罗伦萨画家完成，可以加快进度。可是很快他便意识到自己错了。首先是这样会把他的画搞得平庸无聊，因为各个部分不能统一协调，其次是以前的构图太贫乏单调了，而且与整个教堂的壁画不协调。因此他把佛罗伦萨的画家辞掉了，只留下一名助手，由他亲自绘制。同时他决定改变以前的设想，从教堂的整体布局出发，他认为他的壁画必须和教堂内15世纪大师们画的壁画内容紧密地联系起来，他决定表现《创世纪》这一主题。他把他的这个新计划向教皇提出，教皇朱理二世被他弄得糊涂了，刚开始他还极力推托呢，现在先主动提出新计划，而这个计划要比原来的计划多付出许多的劳动。朱理二世不知道艺术创作是米开朗基罗的生命，他只要一投身其中，其余的一切都被置之脑后了。教皇批准了他的新计划，但告诉他不会因此向他多支付款项。

从1508年5月到1512年10月，米开朗基罗耗费4

年心血，终于绘制完《创世纪》这一宏伟作品。画长40米，宽14米，距离地面高达20多米。整个画面依据《圣经》故事包括9幅主体画《上帝区分黑暗与光明》《创造日、月、与动植物》《创造鱼和海中其他动物》《创造亚当》《创造夏娃》《失乐园》《洪水》《诺亚醉酒》和《诺亚筑祭坛》。加上12个先知和许多装饰性人体，共画了343个人物，其中有100个比真实人体大两倍多的巨人形体。米开朗基罗不是拘泥于表现《圣经》故事情节，而把表现人体的力与美作为壁画的真正主题，他用粗犷的笔触，夸张的造型，激动不安的姿态来增强人体雄健的生命感、力量感和重量感。

在米开朗基罗作画的4年里，意大利充满了重大的历史事件。由于内部争斗而四分五裂，被外国侵略者糟蹋得极度贫困，意大利的处境每况愈下了。在西斯廷天顶画最后几年所描绘的形象上，反映了对于祖国命运的忧虑，反映了把人的自由看得高于一切的作为公民的美术家的感受。

米开朗基罗画的第一幅作品是《洪水》，即上帝用洪水惩罚人类的罪恶。他避开了《圣经》故事里描绘的情节，着重用人物形象表现这个人类的悲剧。他在这里讴歌了人的崇高与伟大，即使在大难临头时，人们还是相互支持，相互关怀的。其中个别情节，例如

搂紧孩子的母亲，抱着已经停止呼吸的儿子尸体的年
迈的父亲，表现了所有这一切都不可能使人种绝灭的
信心。

《洪水》完成以后，他感到画面离地太远，人物
画多了画小了，下面看不清楚。因此当他画第二幅
《诺亚醉酒》和第三幅《诺亚筑祭坛》时，减少了人物
数目，放大了人物形象，以便人们站在下面可以看得
清楚。

9幅主体画中以《失乐园》《创造夏娃》和《创造
亚当》为最佳。米开朗基罗用独特的想象力和构图技
巧，把"堕落"和"逐出乐园"两个情节画在一幅画
上，中间用智慧果树和蛇把画面分为匀称的两个部
分：左边是天堂乐园，右边是人间荒野；左图是蛇递
给夏娃智慧果，亚当伸手摘果和展开的树枝构成自然

← 洪水

的天堂之门，右图是天使用剑驱赶亚当、夏娃出乐园和亚当伸左臂以示反抗，形成自然的拱门。值得注意的是，艺术家在画中用亚当夏娃容貌和形体的美来体现整个乐园之美。亚当面容端庄清秀，肢体肌肉结实饱满，雄健有力，具有男性阳刚之美；夏娃赤裸而不失高贵之纯洁，雄健而又不失女性之魅力。人们从亚当大胆伸手摘取智慧果的姿态看出，他表现了对自己

命运的挑战。亚当和夏娃并没有因被驱逐出乐园而感到羞愧和懊悔，说明他们已经认识自己，已经萌发了人性，人的自我意识已觉醒。特别是亚当的雄健体魄和保护自己妻子的手势，显示了人类坚定的自信心。这种蕴藏在亚当和夏娃性格中的丰富内涵更加突出了人体纪念碑式的雕塑效果，反而强化了画面的悲壮气氛。

《创造夏娃》中的上帝是一位现实生活中的巨人，没有一点神秘色彩，人们从他的目光中看出：上帝正聚精会神地用他的理智和意志，挥动右手，轻轻地呼唤新的生命走向生活。这充分体现了人文主义思想，把幸福建立在人间，歌颂了人生与人世的美好。

《创造亚当》是描写上帝按照自己的形象创造人类始祖亚当。米开朗基罗把亚当画成了身体强健的青年，而上帝被描绘成既威严又慈祥的老人。上帝把手

← 创造亚当

伸向亚当，由于创世主坚定的意志的感染而使人身上假寐的力量活跃起来，亚当获得了生命、毅力和意志，他抬起了头，但尚未站立起来，倘若他一旦站起来，他那魁梧健美的身躯似乎就会迸发出无穷无尽的力量，这表现了艺术家对人的赞美和人的觉醒的讴歌。

最后3幅画是《创造鱼和海中其他动物》《上帝区分黑暗与光明》和《创造日、月与动植物》，登场的都是神。米开朗基罗把这些神描绘成有血有肉的人，这些作品成为人的力量和意志创造能力的赞歌。

在9幅主体画周围，米开朗基罗画了20个裸体青年作装饰。此外，他还在12个三角档上画了12个先知，这些先知都坐在壁龛之中，形体庞大，激情高昂，性格明朗。他们没有任何宗教神秘色彩，完全是现实生活中的人物，他们的性格、表情、动作、姿态各异，表现出丰富的内心世界。以西结神情狂热；约珥全神贯注；伊示雅神采奕奕；但以理热情奔放……其中以女先知狄尔菲和男先知耶利米刻画得最为成功。狄尔菲是一个美丽的妇女形象，纯洁而又高雅。耶利米埋头于异常悲哀的沉思中，他是米开朗基罗的自我写照，正在为意大利所遭受的灾难而悲愤不平。

礼拜堂入口处两边三角档画的是《朱提斯》和《大卫》。在祭坛壁画上部两边三角档右边是《以斯帖》

和左边的《铜蛇》，其中以《铜蛇》为最佳。画面内容描写的是摩西率领犹太人逃出埃及，途中缺粮，群众埋怨上帝，上帝勃然大怒，惩罚他们，用火蛇咬他们，死者无数，群众向上帝悔罪，上帝命摩西造铜蛇，挂于杆上，凡被蛇咬者，望铜蛇而得救。画面深处立一缠铜蛇之杆，杆两侧均为群像。左为获救形象，右为与蛇搏斗形象。米开朗基罗欲以右边群像来同古代雕像名作《拉奥孔》竞赛。他画的是强劲有力的躯体力图摆脱蛇之缠绕。其形象表现为在痛苦中挣扎，脸变畸形和弯曲身子的人物同左边美丽体态的侧面男子搀扶妇女的群众形象形成鲜明对比。

在西斯廷天顶画上，米开朗基罗的艺术技巧达到了异常成熟的境界。米开朗基罗在天顶画的整个布局上解决了最为艰巨的难题，他探索到了天顶画的结构划分，尽管人物众多，可是经过他的处理，不仅使场面条理井然、首尾一贯，使每个人物都一目了然，各具特色，同时也使庞大的画面具有装饰处理得浑然一体的印象。

天顶画不仅没有破坏穹窿与墙垣的建筑形式，恰好相反，它明确了穹窿与墙垣的建筑结构，加强了穹窿与墙垣建筑的可感性。而在描绘人物时，运用他惯用的手法，来突出自己的创作意趣，主要是表现人物

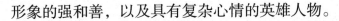

形象的强和善，以及具有复杂心情的英雄人物。

　　米开朗基罗总是把自己的艺术作品作为唤起人民坚持正义和勇敢地向邪恶势力作斗争的武器。因此他的绘画独树一帜：刚毅、雄浑、粗犷，具有雕塑感。他有一句名言："接近浮雕的绘画，是最好的绘画。"达·芬奇曾在米开朗基罗的绘画面前沉思不语，深感后生可畏和自己的衰老。

保卫共和国

> 每一位公民，为了你们自身的自由，
> 也为了你们自己子女的命运，只有拿起武
> 器，在保卫祖国和信仰攸关的斗争中不惜
> 牺牲地战斗。全民族的复兴在呼唤着我们！
>
> ——彼得罗维奇

当这一纪念碑式的天顶壁画完成以后，长时间的忘我工作，使37岁的米开朗基罗变得老态龙钟。由于长期躺在18米高的脚手架上，弓着腰，仰着脖子作画，使他的健康状况恶化，身体变成畸形。4年来他夜以继日地辛勤工作，目光由于每天都有颜料掉进眼睛而变得模糊不清，以至很长时间以后，他读一封信或看东西时，都必须把它们放在头顶上，才能看清楚。他写了一首诗自嘲：

> 我的胡须朝向天，
> 我的头颅弯向肩，
> 胸部像头枭。

画笔上滴下的颜色，

在我脸上形成富丽的图案。

腰缩向腹部的位置，

臀部变做秤星，

维持我全身重量的均衡。

我再也看不清楚了。

走路也徒然摸索几步。

我的皮肉，在前身拉长了，

在后背缩了，

仿佛是一张叙利亚的弓。

教皇朱理二世在亚平宁半岛与法国和神圣罗马帝国展开争夺战。但年迈的朱理二世已力不从心，他的军队被打败了，他的破坏法国与神圣罗马帝国联盟的

企图也没有成功，他两手空空地回到了罗马。在米开朗基罗完成西斯廷天顶壁画后不久，朱理二世去世了。现在他需要修陵墓了。他的家族与米开朗基罗签订了合同，恢复陵墓的修建

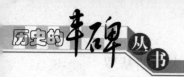

工程，但缩小了规模，把雕像数量减少到30多个。由于米开朗基罗不得不为新上任的教皇服务，大多数雕像均未完成。从1513年至1519年，米开朗基罗只完成了《摩西》《垂死的奴隶》和《被缚的奴隶》等大理石圆雕。这个时期米开朗基罗的雕刻艺术已达到了炉火纯青的地步。

《摩西》雕像是米开朗基罗最著名的代表作之一。在《摩西》这一件雕像上，米开朗基罗再一次刻画了具有不可摧毁的威力的人的形象。摩西是《圣经》故事中古代犹太人的领袖和犹太人的立法者，是一位理想化了的英雄人物。摩西看到他的百姓背弃了上帝，准备摔碎法版。米开朗基罗在怒气冲冲的立法者身上塑造了性格严肃，具有火山一般势力的人民领袖威严的形象，显现出疾恶如仇，顽强坚定和无比英勇的精神。它寄托了米开朗基罗的理想，反映了时代对强有力的英雄人物来领导人民完成祖国统一大业的呼求。形象上的意志高度集中，不仅表现在摩西的令人望而生畏的目光上，同时也表现在摩西的体格极度夸张的粗壮和肌肉组织的紧张上。人们可以从每一个细节上，从完全揉皱了的服装褶皱到摩西蓬松弯曲的一绺一绺的大胡须上，感觉到意志的高度集中。而且在艺术表现手法上采用了一反雕刻立像模式的坐像。他还故意

→摩西像

不把雕像放在壁龛之中，而安置在壁龛之外，这样一来，就为人们创造了从不同角度欣赏的条件，使雕像更具表现力。《摩西》雕像，被美术史家誉为"近代雕刻的最高成就"。

　　《被缚的奴隶》和《垂死的奴隶》雕像最为明显地证明，米开朗基罗可能是文艺复兴时代美术家里面看清楚了文艺复兴时代意大利悲剧的第一个人。人与他相敌对的力量之间无法解决的冲突，成为这一时期米开朗基罗作品的基本主题。扫清前进道路上一切障碍的胜利者的形象，被在和抗拒他的力量斗争中死去的英雄人物形象取而代之。以前人物形象性格严整目标一致，现在让位于比较复杂多样的形象处理。米开朗基罗的创作手法也出现了相应的变化。此前，他的一个基本观点，是要塑造能够最充分地体现形象构思的个像或群像，现在他转而从形成与变化中来表现形象。为了达到这个目的，采用了预定是从某些视点来欣赏的复杂的动作情节，这些动作情节在欣赏过程中彼此更替，终于构成了多样化的统一。

　　例如，对《被缚的奴隶》这一个雕像自右而左地进行迂回的欣赏，观众初步感受到的是躯体的软弱无力，躯体之所以能够保持垂直的姿势，只不过由于他是被缚了起来的。向后仰的头部的动作，表现了难以忍受的痛苦；但是，随着迂回欣赏的继续前进，观众就会注意到，这一个躯体开始坚强起来，精力饱满，肌肉是发达的，拉紧的，这一种紧张状态达到了最高潮：我们所看到的已经不是软弱无力地处于束缚之中

→垂死的奴隶

的俘虏，而是精力充沛、气概豪迈的英雄人物。从他昂起来的头部有力的动作中，可以看得出高傲的挑战。俘虏的力量是如此强大，他所进行的努力是如此意义深远，看起来，缚着他的绳索将必然会被挣断；但是这样的局面并没有出现。继续向左方前进，观众就会注意到，紧张状态逐渐松弛，肌肉不再是坚强的了，走投无路的痛苦表情处于压倒一切的地位。

《垂死的奴隶》是一个漂亮的英雄人物，他在争取解放的斗争中被摧毁了，这一件雕像在颇大程度上主要是采取当中的、正面的视点；但是对雕像进行迂回的欣赏，也可以体会到形象的全部内心活动：从难堪的痛苦的感受到逐渐松弛下来的平静，到从躯体上流露出来的长眠不醒的形迹。米开朗基罗通过《被缚的奴隶》和《垂死的奴隶》寄托了自己受压抑、被束缚而又渴望着摆脱痛苦的感情，以及实现自己理想和要求的愿望。他为了发泄自己对封建统治阶级的不满，抗议他们的残暴，故意把奴隶塑造成渴望解放，要求自由的体魄强健的青年裸体男子。

1519年，米开朗基罗着手为朱理二世的陵墓塑造另外4个奴隶雕像，这4个雕像并没有完工，后被用来装饰佛罗伦萨一家花园的山洞现存佛罗伦萨美术学院。这4个雕像的基本主题是和《被缚的奴隶》与《垂死的奴隶》相同的，但是在这些雕像上，对这个基本主题进行了不同方式的处理。这些雕像的思想内容十分明显，全部4个雕像都是表现同一个冲突的变体，即表现人和束缚着他的势力的斗争。米开朗基罗把雕塑家的工作比拟为使造型形象从石块中脱颖而出。在米开朗基罗的创作里，任何一件作品，都没有像这四个雕像如此明确地表现了形象与石块的关系，行动的充分集中，造型的高度概括。形体几乎是水泄不通地充实了大理石石块，正如米开朗基罗所说："好的雕像应当是，即使从山上滚下来也不会摔坏。"由于这几件雕像没有完工，观众所看到的不是创作过程的最后结局，而是形象的诞生与形成过程。形象的诞生与形成过程仿佛历历在目，因此这一个过程的艺术影响特别强烈；同时，形象能够塑造出来，是艰苦万状的斗争的结果，是人的意志和顽固的材料相冲突的结果。人试图全力以赴地来战胜顽石的压力，但是人的努力看起来是徒劳无益的，于是形象上的气氛就具有悲剧性质。可以作为米开朗基罗的特征的雕塑形式悲壮的表现力，在这些雕像上达到了登峰造极的境界。在这些雕像中，大部分的脸部仅仅粗具轮廓。其中《阿特拉斯》没有头部，看起来甚至是合情合理的，这一件雕像的头部仿佛是被石块异常的重量所压碎，但是粗壮躯体的造

型淋漓尽致地表现了这些形象的复杂矛盾的内容。米开朗基罗在雕像中加进了新的形象表现因素：石块上未经雕琢的部分似乎是围绕着人的环境的具体表现。这样一来，造型形象与材料相冲突的思想，就具有表现人与宇宙的悲剧性冲突的更加广泛的意义。

教皇朱理二世去世以后，罗棱索的小儿子乔万尼·德·美第奇当选为新教皇，即利奥十世。他有一句名言："既然上帝同意了我做教皇，我就要享受享受。"利奥十世在位期间，极喜炫耀，挥霍无度，同时继承了美第奇家族对艺术和文学的酷爱。他远不如朱理二世好战，在私生活方面也没有几位前任那么腐化堕落，他把主要兴趣放在教皇版图的扩张上，为教廷在教治上谋利，他在意大利国内外各派势力之间搞平衡，并努力提高其家属的地位。

利奥十世上台以后，召见米开朗基罗，让他放下为朱理二世陵墓雕刻的任务，负责美第奇礼拜堂的修建和雕刻工作。米开朗基罗不愿放下现在的雕刻工作，要求利奥十世给他一段时间完成朱理二世的陵墓工程，但遭到了利奥十世的蛮横拒绝。米开朗基罗只好悲愤地又一次踏上前往卡拉拉采石场的道路。

利奥十世命令他亲自去挑选石料。米开朗基罗历尽千辛万苦，采集回许多上好的大理石，准备开始工

→ 美第奇墓室

作，没想到利奥十世把他费尽九牛二虎之力运回来的
大理石用来铺地板，却把他解雇了。米开朗基罗感到
又一次被教皇要弄了，为了搞到上好的石料，他含辛
茹苦，花去了多少光阴，得到的却是这样一个结果，
这深深地伤害了艺术家的心。但利奥十世出尔反尔，
寡廉鲜耻，没过多长时间，又派人来佛罗伦萨要求米

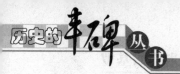

开朗基罗完成美第奇礼拜堂的修建和雕刻。米开朗基罗虽然感到极度愤怒，但他不能得罪利奥十世，因为他若不为美第奇家族工作，他就根本别想工作。他很快完成了美第奇礼拜堂的设计，他为教堂两侧各设计了一座质朴的石棺，每座石棺上都有一对侧身斜卧的寓意形象：一面是"晨"和"昏"，一面是"夜"和"昼"；两个男性和两个女性形象，象征着记叙人类的英雄诗篇。这个设计方案获得同意。

　　1521年12月利奥十世恋恋不舍地离开了人间。新当选的教皇又很快去世。不久，美第奇家族的另一名成员当选为教皇，是为克列门特七世。克列门特七世上台以后与神圣罗马帝国皇帝交恶。同时克列门特七世还任命自己的一个亲信红衣主教统治佛罗伦萨，遭到佛罗伦萨人民的强烈反对。教皇和神圣罗马帝国之间终于爆发了战争，双方派来的军队都威胁着佛罗伦萨，但这位红衣主教却拒绝保卫城市，市民们便乘机

昼　　　　　　　　　　暮

一夜

起来推翻他的统治，亲美第奇派进攻市政厅，米开朗基罗参加了保卫市政厅的战斗。共和派最终在佛罗伦萨获得了胜利，再次宣布实行共和制。这时神圣罗马帝国皇帝挥兵南下，攻占了罗马，教皇克列门特七世外逃。为了消灭佛罗伦萨的共和政权，1529年教皇和神圣罗马帝国皇帝妥协并结成了联盟，派出军队联合围攻佛罗伦萨。

黑云压城，形势十分危急，佛罗伦萨市长把米开朗基罗请了去，任命他为城市建筑总监和城防司令官，负责修筑佛罗伦萨城的城墙和碉堡。米开朗基罗愉快地接受了任命，并马上巡行全城，检查城墙和碉堡的状况。米开朗基罗很快组织起市民修复破损的城墙和

碉堡，修建架设大炮的炮塔，在城墙外挖掘一系列的壕堑，又用挖出的泥土修成街垒。他以满腔热血和佛罗伦萨人民抱着与共和国共存亡的决心，坚守城池达11个月之久，终因寡不敌众而沦陷。

城市陷落后，许多人劝米开朗基罗出逃，米开朗基罗都没有答应。教皇的军队对佛罗伦萨人民进行了血腥的镇压，但教皇为了让米开朗基罗继续完成美第奇教堂的雕刻任务，赦免了他的"反叛"罪行。米开朗基罗从拿起武器来反对美第奇家族，转而放下武器被迫再次为其服务，可以想见，当时他在思想感情上的矛盾和痛苦。米开朗基罗并未因此而消沉，他虽放下武器，但仍用他的錾子和画笔继续进行战斗。在米开朗基罗坎坷的艺术生涯中，这是一个伟大的转折，早期那种较为乐观、活泼的艺术风格消失了，从此米开朗基罗的艺术风格变得沉郁而悲壮。

《最后的审判》

　　我们这一代最大的革命便是发现人类能借着改变内心的态度，从而改变外在生活的各方面。

——詹姆斯

　　佛罗伦萨的美第奇礼拜堂，是米开朗基罗创作中结束文艺复兴盛期的作品，同时也为新的艺术阶段奠定了基础。美第奇礼拜堂的修建和雕刻，历时长达15年(1520—1534)，其间由于米开朗基罗参加保卫共和政体的战斗而中辍。佛罗伦萨城沦陷以后，米开朗基罗不得不继续美第奇礼拜堂的雕刻任务。但是能够从事他心爱的工作，他还是感到安慰的，这时他带着深沉幽远的激情，写了一首诗，诗的末尾是：

　　"……

　　如果我天生是为了艺术，

　　从小就是

燃烧的美神的食物，

那么我

只能怨我的女神，

我本是她的奴仆。"

　　1534年，米开朗基罗终于完成了美第奇礼拜堂的雕刻工作。雕像主要有《朱里亚诺·美第奇》《罗棱索·美第奇》《抚婴圣母》和四座男女裸体雕像：《昼》《夜》《晨》《昏》等。进入美第奇礼拜堂的观众，立即就会感觉到置身于充满着惊惶不安的形象的环绕之中。挤在狭隘的壁龛里的罗棱索与朱里亚诺雕像，转侧不安的几乎是近于抽搐的一日四时弓身腆背的形体，要

从倾斜的棺盖上滑下来，然而同时又有神秘的力量拉住了他们。"昼"的面貌上和"夜"的面具上的恐怖表情，打上了非常不和谐的、走投无路的、紧张的烙印；罗棱索处于沉思状态，朱里亚诺精力饱满然而丧失了信心；"晨"表现了觉醒的痛苦；"暮"蒙眬入睡；"昼"一无用处的浑身是劲；"夜"大梦方酣。

米开朗基罗以前所塑造的英雄人物身上的意志高度集中与一往直前的积极行动，现在已经烟消云散。在美第奇礼拜堂里的形象上、生理上的威力愈益强烈地衬托出了精神上的沮丧。只有圣母的雕像作了不同方式的处理，这是表现了米开朗基罗造型天赋顶峰的作品之一。圣母像被安放在面对祭坛的墙垣中央，因此在礼拜堂里占据着君临一切的地位。就戏剧性的表现力而言，就复杂的布局情节与造型情节的丰富多彩而言，圣母雕像并没有比礼拜堂里的其他雕像逊色。而她的特别动人之处，是在于圣母内心的剧烈波动并没有发展成为意志消沉，这一个形象上的高度抒情并没有受到不和谐倾向的歪曲。

值得一提的是女雕《夜》，它反映了米开朗基罗忧国忧民，痛苦与悲愤交织的思想感情，这一妇女形象很不舒服地沉睡着，她的左腿下有一只象征夜的猫头鹰，左臂下有一个表情惊愕的面具，这似乎意味着一

场噩梦。米开朗基罗的挚友诗人乔凡尼·斯特洛茨依曾经为《夜》写了一首赞诗：

夜，为你所看到妩媚睡着的夜，
那是受天使点化过的一块活的石头；
她睡着，但她是有生命的火焰，
只要你叫她醒来——她将与你说话。

米开朗基罗用一首诗酬答朋友的厚爱：

睡眠是甜蜜的，成为顽石更加幸福，
只要世界上还有罪恶与耻辱的时候。
不见不闻，无知无觉于我是最大的欢乐。
不要惊醒我，啊！讲得轻些吧！

人们从《夜》的造型上可以看到忧郁、困惑和沉迷不醒的表情。然而，他那仿佛沉沦在黑夜中的雄健体魄，不仅表现了女性刚柔兼蓄的美丽，而且艺术家把她雕塑得异常准确，逼真，生动入微，她的肌体好像还富有弹性，整个形象显示出旺盛的精力和蓬勃的生机，仿佛正在酣睡的巨人，一旦睡醒，她将焕发出不可战胜的力量。这正是当时被蹂躏的意大利现实的

生动写照。由此可见，米开朗基罗并未向美第奇家族
屈服，而是以艺术为武器向黑暗势力挑战。

米开朗基罗在这段时间还创作了《屈身的男孩》
(1525)、《胜利者》(1525—1530)和《阿波罗》(1525—
1530)等大理石圆雕。

　　1534年6月米开朗基罗的父亲洛多维哥在庆祝90大寿时去世。米开朗基罗对父亲的爱是发自内心的，深沉、真挚，尽管洛多维哥一个劲地催他工作以维持家计，米开朗基罗还是能够理解父亲那颗慈祥的心灵。父亲死后，米开朗基罗对家里的一切事务做了详尽的安排，然后恋恋不舍地离开了佛罗伦萨前往罗马。他在马上望了一眼这座美丽的城乡，算和这城市告别了。以后他再没有回佛罗伦萨，他以后的岁月都在罗马度过。

　　米开朗基罗又一次来到了罗马，罗马城残破不堪了。1527年神圣罗马帝国皇帝率领军队攻入罗马，大肆抢掠，已把这座城市变成了废墟。米开朗基罗到达罗马以后不久，教皇克列门特七世去世了，保罗三世继位，他也是一个艺术爱好者。保罗三世上台后不久，即派人去把米开朗基罗请到自己面前，任命米开朗基罗为教廷建筑总监，还请他绘制西斯廷教堂的祭坛画《最后的审判》。

　　米开朗基罗很快又一次完全投身于工作中去了。他再一次来到西斯廷教堂，他的《创世纪》就在他头顶上，气势磅礴，波澜壮阔，他在那里抬头凝视了良久。他要画的那堵墙壁55英尺长、40英尺宽，整个墙壁被油污、灰土和蜡烛烟火弄得肮脏不堪，他必须先

→ 最后的审判

对这堵墙壁进行打扫、修葺。米开朗基罗做好整体规划以后，向保罗三世上交了自己的计划，教皇批准了米开朗基罗的绘画计划。米开朗基罗和其学生马上夜以继日地工作起来。

　　米开朗基罗在一次偶然的机会中认识了公爵夫人维多利亚·柯伦娜。维多利亚是意大利一个最有势力

的家族的女儿，她与那不勒斯的一位年轻公爵结婚，婚后公爵率领军队出征时阵亡，维多利亚·柯伦娜从此没有再婚，她把时光用在钻研学问和救济穷人上，成为意大利的一个著名人物。米开朗基罗原以为她不苟言笑的，年事已高，没想到自己看见的却是一个前所未有的极其迷人的女人，她端庄大方，高贵典雅，有着皇家气派。在她那朴素的衣着之下，他看到了一个成熟的迷人的身段，那身段和她富于表情的深绿色的大眼睛，挽成发圈低垂在脖子上的金色的长辫和丰满的红唇恰相辉映，光彩照人。他目不转睛地望着她。她的美色正如丽日当空，耀眼夺目。他的血液流动加快了。米开朗基罗知道，自己已经无可挽回地爱上了她。

米开朗基罗没想到自己竟然在60岁的时候爱上了一个女人。白天他全副身心都投入到《最后的审判》的创作中，晚上则阅读《圣经》和维多利亚·柯伦娜写给他的东西。他也给她写了不少的十四行诗，与她探讨宗教和艺术问题，还为她画画。她把她发表的诗集的第一本寄给了他。米开朗基罗一心想倾吐自己的全部热情，可总找不到机会。他对这样的关系感到美中不足，然而他对她的爱情和思念却使他的创造力如春潮汹涌，滚滚而来，他的《最后的审判》进行得很快。但维多利亚像萨伏那罗拉一样，要求进行教会改革，纯洁教会，并对教会的腐败糜烂进行抨击，因此受到教会的迫害。虽然两人的书信往来没有间断，米开朗基罗仍不时地给她寄十四行诗，但她为了他能够全身心地完成伟大的作品，回信逐渐减少。

《最后的审判》也是取材于《圣经》故事。米开朗基罗以花甲之年，抱着"要使希腊人和罗马人黯然失色"的雄心，用他大无畏的精神和顽强的意志，花了6年心血，创作出了这幅人物众多，构思雄浑的纪念碑式的巨作。这幅杰作是天顶画《创世纪》的继续和发展。它和《创世纪》所不同的是艺术家对人类的未来寄予了美好的希望。全画共画了200多个巨人，表现了米开朗基罗对人的讴歌与赞美。同时整个画面反映了当时社会动乱和米开朗基罗对反动逆流的抗议。

《最后的审判》整个画面由上往下可以分为有机联系的四个部分：第一部分与天顶壁画相连接，有两幅大小相等、构图均衡的画面，表现的是基督受刑和处死时用过的刑具。它象征着基督被处死三天以后，复活升天，他再次降临人世时，将对人类实行末日审判，扫净人间邪恶，从此以后全人类将进入幸福、美满的"千年王国"时代。

全画的关键部分是第二部分，基督已降临人间，

他正在对人类的善恶做最后的审判。画面云端闪电中站立着巨人救世主基督，神态威严无比。他年轻、刚毅、果断，大公无私，主持正义，正挥动有力的右手，左手举于胸前，做最后的裁决。基督的右手下是圣母玛利亚，她正全神贯注地听其爱子的审判。基督的后边是他的12个门徒和一些带着殉教时受刑刑具的圣徒。画面右边那个拿着大钥匙的巨人是门徒彼得，画面左边和彼得相对的是亚当。在基督的左脚下有一个手拿人皮的巨人，特别引人注意，他是一位被活活剥皮处死的殉教者圣·巴尔托洛梅奥。他右手执刀，左手提着自己的人皮。不过人皮中的头像却是米开朗基罗的自画像，扭曲了的脸上，充满了痛苦、愤怒和抗议的神情。这个手提人皮的圣徒形象耐人寻味。苏联艺术史家古贝尔曾说："米开朗基罗的胆量实在惊人，他竟敢在祭坛墙壁最显著的一块地方把自己的大仇人描绘成一个神圣的殉难者。手中提着刀，从他自己身上剥下皮来。"

第三部分是一簇天使腾云驾雾，吹响号角，唤醒死亡者复活，宣告世界末日来临。天使两侧有两组巨人，表现善恶两部分人的活动。左边是得救的善的灵魂，他们在天使的支持下，纷纷升天，右边是被判处下地狱的恶的灵魂，他们正在被天使拖曳、推赶下地狱。

第四部分画面是地狱之河和地狱。但丁在《神曲》"地狱篇"称它为亚开龙河。渡过这条河就进入地狱，

河上有一摆渡人名叫卡龙，站在小船上，把恶的灵魂渡过河来，把他们赶入地狱之门。被宣判入地狱的人群，陷入绝望、恐怖和痛苦的境地，他们在拼命地挣扎，在那痛苦的肌肉里发出了无声的狂啸。画面右下角有一个驴耳、蟒蛇缠身的巨人，他是地狱的判官米诺。这里有一个趣闻，当壁画完成四分之三时，教皇保罗三世在他的司礼官赛斯纳的陪同下前来观看米开朗基罗已完成的画。米开朗基罗正在作画，教皇就问他的司礼官："你看这幅作品如何？"司礼官瞪大了眼道貌岸然地说："太无耻了，把这么多赤身露体的人画在这种神圣的地方。"米开朗基罗听后十分愤怒，他们走了以后，马上把司礼官的形象画成大蛇缠身的米诺。消息很快传到赛斯纳的耳朵里，他来看了画，跳着脚要求米开朗基罗把他弄下来，遭到米开朗基罗的拒绝，教皇保罗三世也幸灾乐祸地不同意把这个形象从画面去掉，这个司礼官的形象保存了下来。

《最后的审判》把宗教主题刻画成为具有世界规模的惊心动魄的人的悲剧。堆山积海似的升入天堂的善人与堕入深渊的罪人魁梧的人体；像雷神一般正在进行审判的基督；猛烈诅咒世界上的罪恶，殉教的圣徒，正指点着自己受难的刑具，要求惩罚罪人。所有这一切，好像是闷在狂热的噩梦里的恐怖世界。"米开

朗基罗借用这个宗教题材，强烈地反映了当时失去了
自由和独立而陷于不安，绝望、恐怖和狂乱的意大利
的精神状态。"米开朗基罗在阅读但丁的《神曲》得到
启示，他把当时受异族侵略时维护祖国独立的英雄人

物，称为善人，让他们升入天国，而把出卖民族利益的叛徒，称为恶人，把他们一个个打入地狱。这反映了艺术家鲜明的爱祖国、爱人民的爱国主义立场，这也正是《最后的审判》所表现的深刻的思想内容。

米开朗基罗从人文主义立场出发，在这幅画中热情歌颂了人的力量和人体的美。他把基督、圣徒，甚至是圣母玛利亚，无论善恶，全都画成了裸体，这无疑是对基督教禁欲主义的一个严重挑战，也是对教会正在提倡的"贞洁运动"的一个沉重打击。在中世纪基督教会统治之下，他们一直把人的肉体诅咒为"灵魂的牢狱"而加以鄙视，而米开朗基罗却把它作为塑造英雄人物的主要手段。他的这一无比勇敢的"渎神行为"，遭到了教会反动势力的疯狂反对和攻击，并被扣上异端的罪名，他们要求立即毁掉这幅壁画。但是教皇保罗三世鉴于群众的拥护和艺术创作的成功，再加上他本人也十分欣赏这幅作品，而采取了折中的办法。他请米开朗基罗亲自来修改，画家反对这样做，并不无讥讽地说："请您管理人们的心灵，让我来管人们的肉体吧！"，拒绝修改。教皇只好请画家伏尔泰拉给这些裸体人物添上遮羞布，从此这位画家被称为"穿裤子的人"。

米开朗基罗在《最后的审判》中所塑造的人物形

象都是以现实生活中的人物为模特儿的，除了上述赛斯纳以外，还有教皇尼古拉三世、克列门特七世、保罗三世，甚至还有但丁和其青年时代的恋人贝德丽采。俄国艺术大师列宾认为米开朗基罗的艺术是热血沸腾、精力充沛的艺术，是无情的现实主义艺术。

米开朗基罗在创作《最后的审判》壁画期间和之后，还留下了以下作品：《布鲁特斯胸像》(1537)、《拉

盖尔》(1537)石雕以及两幅壁画《保罗归宗》、《彼得磔刑》(1542—1550)；此外还有三件未完成的大理石雕像：《下十字架的哀悼基督》(1548—1555)、《帕雷斯特林的哀悼基督》(约1556)和《龙大尼民哀悼基督》(1555—1564)等作品。

宏伟的圆顶

人生是短促的，因此才使我们陷入焦
虑和错觉。在我们这短暂的生命岁月中，
我们虽然想要摘取生命的果实，然而实际
上是绝对不可能的，因为这种果实要经过
几十年才能成熟。

——卡罗萨

　　米开朗基罗在1541年10月终于完成了《最后的审
判》的绘制工作，教皇保罗三世举行了一次盛大的庆
典仪式，庆祝《最后的审判》完成。

　　但米开朗基罗的爱情却没有取得多大进展，虽然
他对维多利亚的感情日炽，而维多利亚却拒绝和他见
面。维多利亚知道米开朗基罗对自己的感情有多么深
厚，但她明白米开朗基罗是为艺术而生的，何况疾病
缠绕着她，她已明显地衰老了，教会的折磨使她失去
了往日的风采。终于有一天，上帝把维多利亚召唤走
了，米开朗基罗悲痛万分，但却无法改变这悲惨的事
实。他只有把对维多利亚的爱倾注到自己不朽的作品

←圣彼得大教堂圆顶

中去了。

　　米开朗基罗生命的最后20年历程，主要是从事建筑艺术。他的建筑艺术风格和他的雕刻、绘画一样，喜欢追求气势雄伟、豪放和刚劲有力。他习惯于把建筑当雕刻来处理，广泛运用重型的单元造型，采用强烈的明暗对比，用力学来丰富自己的作品，他喜用深深的壁龛、凸出的线角和小山花，贴墙做3/4的圆柱或半圆柱，即他特别喜欢雄伟的巨柱式，常采用圆雕来作装饰，强调的是体积感。他的建筑艺术对后来的巴洛克建筑有较大的影响。可是他的建筑物没有巴洛克建筑风格的外部装饰特征，在他的壮丽巍然的建筑中没有一点儿做作，宏伟之中也没有一点儿夸张。巴洛克派的建筑师在很大程度上是借鉴了米开朗基罗的成就。但是就其固有的特点而论，米开朗基罗的艺术原则与巴洛克艺术家的艺术原则有着本质上的区别。米开朗基罗的建筑形象，在贯穿着英雄气概的情况下，以迥非寻常的质量感与"人道主义"而引人入胜。米开朗基罗的建筑形象的基本倾向，和巴洛克派艺术家们对于非理性的形式融化于不可遏止的空间动态之中的向往，是在原则上相对立的。米开朗基罗的建筑艺术特点是塑造力强，并且感情深刻。这同米开朗基罗的雕塑作品一样，米开朗基罗的雕塑作品在处于构思的戏剧性与造型的运动感的情况下，以鲜明地表现了人文主义思想基础而不同于巴洛克的令人神魂颠倒的形象。巴洛克形象上的动人之处，不是导源于英雄人物性格的感染力与意志紧张，而是导源于某种表面的力量。这种表面的力量使形体处于共同的波澜起伏的

激流之中。

　　美第奇陵墓，即美第奇教堂里的小礼拜堂，是完
全按照米开朗基罗的设计修建起来并进行装饰的。这
座小教堂是占地不多但是很高的建筑物，上面盖有圆

顶。白色墙垣用深灰色大理石壁柱进行分划。在礼拜堂里有两座墓葬，即朱里亚诺的墓葬和罗棱索的墓葬。这两座墓葬被互相对峙地安排在相对的墙垣上。米开朗基罗摒弃了在15世纪形成的传统的墓葬造型，即放上死者在临终时躺着的肖像雕像，四周围绕着浮雕以及圣母、圣徒与天使的雕像。米开朗基罗用形象之间热情奔放的互相联系，来代替昔日墓碑上各种雕像与浮雕相结合的简单原则。生与死相对立的抽象思想，通过米开朗基罗的处理，也就同时具有诗意洋溢的真

实与深刻的哲学意义。处于沉思状态的朱里亚诺和罗棱索的雕像被塑造成为理想的英雄人物。

从美第奇礼拜堂的建筑与装饰中我们可以看出，米开朗基罗是一位进行艺术综合处理的天赋卓绝的艺术家。在这座小教堂里，米开朗基罗不仅使建筑因素与雕塑因素取得了结构上恰到好处的结合，他还使建筑因素与雕塑因素形成了情感洋溢的一致，这样的一致是以建筑形式与造型形象朴素之间的积极影响作为基础的。

米开朗基罗除了设计美第奇礼拜堂之外，还设计了佛罗伦萨劳伦齐阿纳图书馆、罗马法尔涅塞宫、圣·乔凡尼·第·菲奥伦提尼教堂、罗马庇护大门和罗马卡比托里诺广场建筑群等。米开朗基罗在建筑艺术上所取得的最卓越的成就是现今仍存的世界闻名的圣彼得大教堂的圆顶。

1506年，教皇朱理二世下令拆除旧的圣彼得教堂，委托当时著名的建筑师布拉曼特为总建筑师负责兴建新的圣彼得大教堂。罗马教廷的圣彼得大教堂是意大利文艺复兴建筑史上最伟大的纪念碑。凡是16世纪上半叶在罗马的著名建筑师，几乎全都轮流参与了这一伟大工程。圣彼得大教堂的建筑工程之所以受到特别重视，是由于教皇力图巩固天主教与教皇国的地位。

这就要求用新的建筑物来体现天主教会的强大威力。建筑物必须遮没异教神庙的遗址，并且使在圣彼得大教堂之前修建的基督教建造物黯然失色。

布拉曼特是一位伟大的建筑师，他先是学习绘画，后来转向了建筑，在米兰时曾出色地把意大利建筑新的先进的意图和对伦巴底传统建筑进行的巧妙改造相结合，表现出新的建筑风格迥非寻常的生命力和蕴藏在建筑艺术表现技巧"古典"手法中的取之不尽的潜力。布拉曼特来到罗马以后参与了办公大厦的修建工作，充分展现了自己的建筑才华。朱理二世升任教皇以后，布拉曼特成为罗马的首席建筑师，主持了一系列建筑工程。他以自己的完美设计赢得了主持修建圣彼得大教堂的权利。布拉曼特的设计是希腊式十字形的集中的建筑物，带有圆形侧翼，十字形中央部分上面是宏伟的球形圆顶，一些规模略逊一筹的圆顶的小教堂，朝向十字形中间部分。在布拉曼特的完美构思里，每一个个别的因素是完整的，同时也是作为不可分割的局部包括结构的布局，创造出天衣无缝的宏伟的整体。布局以非常轻灵而引起人们的注意，在这样一个布局里，空间无可置疑地使整体甘拜下风，渗透到所有经过复杂分划的基部以及把空间围绕起来的墙垣。布拉曼特在文艺复兴盛期那种激于外敌侵略，渴

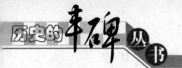

望祖国独立统一，因而缅怀古希腊罗马伟大之处的社会思潮的推动下，立志要建造亘古未有的建筑物，使之成为一座时代的纪念碑。布拉曼特的上述设计方案正体现了这样的思想。但从1506年主持工程起到1514年逝世，布拉曼特仅仅局部地完成了中央的奠基工作以及教堂的甬道拱门。

布拉曼特死后，教皇任命著名画家拉斐尔为总建筑师，负责大教堂的兴建任务。拉斐尔与布拉曼特是同乡，也是一位优秀的建筑师，他主持修建了圣埃里卓·德尔·奥列菲奇教堂、玛丹别墅等建筑。在玛丹别墅的设计中，拉斐尔不拘绳墨地运用了古代希腊罗马的建筑经验，完成了新型的建筑物设计。修建完成的局部，足以证明这一座建筑物的宏伟规模，它水到渠成地和山岗斜坡的壮丽气魄融成一片，使一半自然、一半人工的园林风景俯首听命，从园林的露台上可以看到寻常绚烂的景色。但拉斐尔接管圣彼得大教堂修建工程以后，对当时的教廷做了妥协和让步，放弃了布拉曼特的先进设计方案，使建筑富有神秘色彩。拉斐尔重新采用了拉丁十字形的教堂建筑规划的传统形式。拉斐尔打算把圣彼得大教堂修建成为圆顶的建筑物，有三个相同的半圆室，这一座建筑物的第四个部分发展成为拉得很长的有三个大堂的柱厅。

著名的建筑师帕鲁齐继拉斐尔之后领导圣彼得大教堂的建筑工程。帕鲁齐建造的麦西米府邸，在一个狭窄的不正规的地段上，创造了拥有壮丽内部院落的宫苑布局，令人叹为观止。宫苑从容不迫地和街道融成一片，用立面的线条重复着街道曲折的旋律，上层的粗面石墙和处于上层之下的深邃柱廊衬托鲜明的对照，使立面具有全新的性质。帕鲁齐接管圣彼得大教堂工程以后，他再一次采用了集中的建筑布局，但是军事行动使建筑工程陷于中断。直到1534年，圣彼得大教堂的建筑工程才由小莎迦洛重整旗鼓。在这一个阶段，由于天主教反动势力加强以及教权主义集团日益强烈的影响，于是使建筑规划恢复传统的拉长的形式。小莎迦洛修建了十字形南面和东面的侧翼。

1547年1月，教皇保罗三世任命米开朗基罗为圣彼得大教堂总监。米开朗基罗向教皇提出任职的前提条件是他必须享有决定整个建筑工程的全权，保罗三世十分清楚米开朗基罗的才能，因此同意了他的这一请求。米开朗基罗于是恢复了布拉曼特的设计方案，再一次采用集中的建筑规划，显示出人文主义思想的胜利。米开朗基罗加强了房基与墙垣的沉重感，摒弃了空间与整体的复杂分划，使整个布局浑然一体。主要的空间对建筑物里次要的因素具有无可置疑的优势，

建筑物里次要的因素丧失了独立意义。米开朗基罗修建了用柱廊围绕起来的中央鼓座，着手进行规模庞大的中央穹隆顶。他设计的这一圆顶气势雄伟，轮廓优美。整个大教堂是拉丁十字形，圆顶正在十字两笔交叉部位的正上方。穹窿周长71米，直径为42.75米。圆穹一侧有狭窄的之字形阶梯，共有333级台阶，由此登顶可俯瞰罗马全城。圆顶外部采光塔和十字架尖端高137.8米，是罗马全城的最高点。

据专家后来研究，认为这一高度是经过精确计算得出来的，不是随意的决定。人站立平视，以视线为地平线，17度仰角以内的物体无须抬头即可尽收眼底。在这里，一踏进大教堂前的巴洛克式广场。几百米远处的圆顶的十字架正好在17度角以下。可见，米开朗

基罗对数学和人体解剖学都有很深的造诣。但是，这一圆顶直到1588至1590年间才由米开朗基罗的学生查柯莱·第拉·波尔泰完成。米开朗基罗圆顶的设计成功，使他多年来要创造一个比罗马任何建筑物都要更宏大的建筑物的愿望实现了。他为圣彼得大教堂的壮丽外观做出了不可磨灭的贡献。这一圆顶的设计成功，完全与米开朗基罗作为雕刻家和爱国主义者的性格相吻合。

此外，米开朗基罗还为重建罗马城做出了自己的贡献，他设计修建了罗马卡比托里亚广场建筑群。米开朗基罗充分利用了以前原有的建筑物的残留部分（中世纪在罗马档案馆遗址修建的元老院、博物馆）以及古代希腊罗马的雕塑，他在卡比托里亚广场上完成了文艺复兴时代最杰出的城市建筑群之一。面对已经着手修建的博物馆，米开朗基罗准备另外安排一座布局匀称、建筑形式一致的大厦，巧妙地使这座大厦听命于建筑群中间的建筑物，即元老院，由于运用了庞大柱式，宽敞分划以及豪华的双扶梯，从而使元老院身价百倍。梯形的广场，的第四个面并没有封闭，因此可以看到全城的壮丽景色。米开朗基罗利用地形的特点，在这一面布置了整齐的通路，他把古代罗马元首马尔库斯·奥勒利乌斯的骑马铜像安放在一个低矮

→ 老年的米开朗基罗

的座子上，看上去就像马尔库斯·奥勒利乌斯刚刚走下元老院的阶梯骑上马背，准备穿过罗马城而去。

随着圣彼得大教堂工程的快速进展，米开朗基罗明显地感觉到了自己的衰老，他已是80多岁的老人了，为了完成这一伟大的工程，他不得不和时间赛跑。一天他突然休克，但很快恢复了正常，当再一次犯病时，他显然不行了，罗马城的许多人来看望他。1564年2月18日，正当圣彼得大教堂圆顶直立部分完工而将收拢顶部时，米开朗基罗微笑着合上了他的双眼。

这一终身未婚的艺术家把自己的全部生命都献给了艺术。我们无须做太多的赞美，他的气势恢宏的作品向后人昭示着这位艺术家的灵魂。